JN224233

日本人が参考にすべき

現代中国文化

長谷川和三 著

日本僑報社

まえがき

二〇一七年にトランプが大統領になって、アメリカはグローバル社会から脱出する方針を出し、一方、世界第二位の経済大国の中国は習近平がグローバル社会に前向きで、世界のリーダの席に座ろうとしている。近い将来、中国が世界のリーダになる可能性が出てきた。今後、日本にとって中国との関係がより重要になるのは間違いないが、日本は中国とどのように付き合っていくべきだろうか？それには、まず従来の偏った見方ではなく、正しく、客観的に中国を観察し分析する必要がある。

私は、空気圧縮機の開発技術者だが、二〇〇二年に上司から中国進出を命じられ、二〇〇四年に蘇州に現地法人の圧縮機の製造会社を立上げ、初代社長として二年間駐在したら、呉の国の首都で、文化遺産の豊富な蘇州の中国文化の素晴らしさにハマってしまった。日本に帰国後、仕事をしながら、中国文化や歴史を学ぶ為に、東洋大学と神田外語大学に通い、当初は週四日間、合計十三科目の授業を受講した。その後、東洋大学で十年以上主に中国文化を学んでいる。二〇〇六年に日本に帰国して以後、何度もコンサルで中国に出張し、数年前には、約三年間上海に駐在し、現在も毎月一度一週間滞在してコンサルを続けて、現地で中国文化を研究している。

私は元来技術者ゆえ、課題の観察と分析が習慣となっており、中国に駐在して、テーマを見つけると、調査し分析に入る。客観的データが必要な時は、アンケートを取ったり、執筆の内容の根拠も学者の文献で確認している。従って、読者が今知っておくべき本当の事実を提示し、その根拠も記述したつもりである。

令和元年初夏　　　　　　　　　　　　　　長谷川　和三

目次

第一章　中国人とうまくコミュニケーションをとるコツ

❶中国語の問題、日本語とどう違うのか

言語の重要性

仕事は通常、他人と一緒に進めるものだ。だから、コミュニケーションは大事で、特に外国での仕事は言語が非常に重要となる。そこで今回は中国語を取り上げてみることとした。筆者は基本的には技術者で、技術者目線で書いている。中国語の専門家ではないので、認識に間違いがあるかもしれないが、その時はご容赦いただきたい。

文法・品詞

中国の語順は英語と同じで、主語＋述語＋目的語となる。しかし、英語のように、単語と単語の間にスペースがないので、どこまで一つの単語かを判別する必要がある。まずは述語（動詞）がどれか確定することから始める。

また、単語は英語なら名詞か動詞か、スペルの形（語尾の違い）で簡単に判別できる（例：decide, decision）が、中国語はその区別がないので、それだけ解読の難度が高くなる。

あいまいさ

筆者は機械の開発設計者でもあり、日本では百件以上の特許を出願しているが、中国でも出願しており、二〇一五年も四件出願した。その際、私の原文を中国語に翻訳した文章を確認すると、かなり内容がズレてしまっている。主語が違ったり、意味が違ったり、大変だった。この原因は中国語の「あいまいさ」のせいか、弁理士のレベルが低いのか、私はその両方だと判断する。

ところで、東洋哲学の大家である中村元先生はその「あいまいさ」について下記のように述べている。

「非論理的ということは、シナ語の最も著しい特徴の一つである。句と句とを結合して完全な文章とするための前置詞・接続詞・関係代名詞などに相当する語は、西洋の言語にくらべると、非常に少ない。またもともとシナ語の名詞および形容詞には、単数・複数、あるいは男性・女性の区別が無い。……動詞の時・相についても正確な規定がない。格の表示もなされない。語の順序が格の代用をなすものであるが、それも厳密に、守られていない。……シナ文においては、格の語の順序が文章の意味を決定するのではなくて、その文章を構成するいちいちの単語の表示する概念と概念の関係がそれを決定するのである」（『東洋人の思惟方法2　シナ人の思惟方法』春秋社、一九六一年、三六頁）

かなり専門的な分析である。男性形・女性形など独語にあるが、日本語や英語にだって、ない。中村先生の専門のインドの古典（サンスクリット語）にはあるのだろうか。

さらに、現代中国文化の評論家の黄文雄氏は下記のように述べている。

「漢文は論理展開が難しい例として、『論語』や『孫子』に大量の注釈があり、注の注という『疏』まである。解釈がみな違う。漢文は正確な論理構築に不適切」(『中国の終わりのはじまり』徳間書房、二〇一二年、一七〇頁)

まったく同感で、この本を読む前から、中国古文に注釈が多いのは、あいまい言語のせいだと思っていた。王陽明が朱子を非難して、自分の哲学を始めたのも、古典の解釈を変えることがきっかけだ。原文があいまいだから解釈が変えられるのである。

仕事で私の通訳をしている、短大の日本語の先生は、中国語を日本語に訳すとき、そのままでは翻訳はできないと言う。訳す前に、その中国語の意味を本人に確認する必要があるという。ということは、現代中国語の文章は中国人でも一つの解釈に限定できないことを意味している、つまり「あいまい」だ。

日本語と中国語の単語の意味の違い

中国語と日本語と単語の意味が同じなのは当然で、日本では昔、圧倒的に文化レベルが高かった中国から、言葉を輸入したからである。しかし、現代中国語には意味がまったく違う場合がある。

主に名詞の例を挙げてみようた。**表1**をご覧いただきたい。

表の中で間違えやすく、間違えると大変なことが起きるのは、「汽車：自動車」「愛人：妻」だ。愛人を恋人と間違えたら大変である。愛人は中国では奥さんを意味する。通常、中国人は奥さんのことを、会話の中では「老婆《ラオポ》」とか「太太《タイタイ》」と呼んでいる。

簡体字

現在中国で使われている文字を簡体字という。従来の漢字（繁体字）を省略したり、一部だけ使用したりしている。

我々日本人も当用漢字にする時、同じように簡易化した。慣れてしまえば、この簡体字は便利である（表2）。

繁体字は台湾ではまだ使用されているが、丰などは繁体字の頭の一部をとったもので、画数は繁体字の五分の一以下になっている。

筆者がノートを取る時は豊や業は簡体字を使用している。慣れると早く書けて便利だ。日本にまだ当用漢字の見直しをする部門があるなら、中国・台湾と十年に一回ぐらい、漢字の共通化を議論してほしい。

表1 中国語と日本語で意味が違う単語の例

中国語表示	日本語の意味
公司	会社
総経理	社長
経理	経営者、担当責任者、部長
汽車	自動車
火車	列車
酒店	ホテル
去	行く
机	機械
美国	米国
法国	仏国
徳国	独国
手紙	トイレットペーパー
信	手紙
新聞	ニュース（中国ではテレビのニュースを新聞といっている。日本の新聞は、文字の意味からすると新読と書くべきか？）
毛巾	タオル
花生	落花生
机场	飛行場
老婆	家内
愛人	妻
対象	恋人
娘	母親
棒球	野球
猴子	猿
筷子	箸
盘子	皿

表2 簡体字と日本の当用漢字

簡体字	日本の当用漢字
义	義
丰	豊
开	開
飞	飛
乐	楽
业	業
历	歴
买	買
样	様
无	無
术	術

標準語（普通話）と地方弁

中国の標準語は北京語がベースである。日本の標準語が江戸弁からきているのと同じである。したがって北京以外は地方弁がある。大体、文字にすると同じで、発音が違うだけだが、地方弁の中には文字にならない言葉もまれにある。地方弁はよその地方の人にはまったく通じない。距離的に近くでも、川を一つ越えると、もう言葉が通じないと言われている。地方弁しか使用しない人は、標準語を聞き取れない人もいて、テレビではその人のために字幕が出る。当方がコンサルしている南通（江蘇省）の会社の入口には、「普通話（標準語）を使用してください」と書いてあった。

一般の中国人は会社の中では標準語を使うが、家へ帰ると地元弁のようだ。家族らとの携帯電話の会話は地元弁が多い。私の知り合いの武漢出身の大学の教授は長沙で仕事しているが、地元の幼稚園に通う息子は幼稚園で覚えた長沙弁をしゃべるので、子供の言葉が理解できないとのこと。

京劇の地方版（昆劇、越劇とかいう）は逆に地方弁ゆえ、よそから来た観光客は聞いてもわからない。したがって、舞台でも字幕が出る。日本の歌舞伎役者の坂東玉三郎さんが蘇州や日本で演じた昆劇「紅楼夢」は蘇州弁を使用している。

日常の中国語の不便さについて

①飛ばし読み（速読）ができない　日本語の場合、軽い内容の文章、例えば新聞記事は漢字だけ追って、斜めに飛ばし読みができる。韓国もハングルの中に漢字を使用していた頃は、日本文と同様、飛ばし読みができたと聞いたことがある。中国語の漢字だらけの文章はキーワードを見つけられないで飛ばし読みができない。

中国人曰く、中国では中学高校で飛ばし読み（速読）を習うとのこと。やはり述語や主語を探し、修飾語は読まない。逆に日本語は文の末尾に肯定・否定があるので最後まで読む必要があり、速読に不便とのこと。そう言えば、中国語だけでなく、英語やドイツ語も否定は動詞の前にある。

②表題がない、キーワードが探せない　中国の会社の中で、社内報がメールされると、キーワードがなかなか探せない。不便な文章だ。おそらく、メールを受け取った中国人は、二秒で読めるので、私のようにキーワードを探す必要はないのだろう。しかも表題のないメールが非常に多い。表題があれば、読む必要があるか否かすぐにわかるのに。

❷中国でコミュニケーションをとるための情報収集と準備

中国で仕事をするには、コミュニケーションが非常に重要なテーマである。

日本の世界史の教科書には以下のようなことが書いてある。

東アジア世界を貫徹する価値観とは何であろうか。……中国・朝鮮・日本・ベトナムの四地域を通観する時、共通する文化現象が認められる。それは⑴漢字、⑵儒教、⑶仏教、⑷律令である。……漢字を媒介とする中国文化ゆえ、「漢字文化圏」というべきものが認められる。

以上のように、日本は基本的にはこの漢字文化を十分利用して発展してきた。しかし、中国でのコミュニケーションをスムーズに行うには、課題がたくさんある。当方の中国駐在の経験から読者に役立ちそうな情報を提供したい。

中国語の勉強方法

中国語の使用文字は漢字なので日本人には元来なじみがあり、初めて習うほかの外国語より取っつきやすい。使われる単語もほとんど同じである。以下、当方の中国赴任時の経験を紹介するので参考にしていただきたい。

①中国赴任前の勉強　会話能力を習得するには、まず教科書を買い、発音方法とヒアリングの練習をする。中国赴任前のヒヤリング練習は通勤電車の中で実施。電子辞書で中文の解読を練習する。電子辞書は手書き入力できる型式のものが非常に便利。中国工場立上げ準備のための中国出張時は、ホテルのテレビでヒアリングの練習。中国のテレビには字幕が出るので、字幕を見ながら、ヒアリングの練習ができる。このほか、テレサテンのＣＤを買って、中国語の歌を覚えようとした。しかし間違えて福建語のものを買ってしまった。つまり、台湾は福建語が主流ゆえ、普通話（標準語の発音）とはかなり違う。

②赴任後の勉強　㈠家庭教師…当初は地元の大学（蘇州大学）の日本語のできる女子学生に週一度、家庭教師として中国語会話を習った。その後、筆者の秘書（日本語は不可、英語可）に昼休みの三十分間、中国語を教えてもらい、筆者が日本語を教える勉強を続けた。

㈡ヒアリング…筆者には専用の車が運転手付きで与えられていたので、移動中は必ずCDで中国語のヒアリングの勉強をした。自宅でテレビ番組を字幕を見ながらヒアリングを勉強した。

現地採用の条件

①**秘書の採用**　会社立上げ時の秘書の役割は、地元政府や銀行などとの管理部的な調整などが多く、日本語の能力より業務経験が優先である。したがって筆者は社長秘書として、日本語でなく、英語のできる人材を採用した。現在彼女は人事部長になっている。

②**製造部長の採用**　日本の技術を習得するには、日本語の図面や技術書類の解読や、日本の工場での実習を受けなくてはならない。したがって日本語ができる技術者でなくてはならない。

③**調達課長の採用**　製造部長と同様、日本語の図面や技術書類の内容がわからないと、中国現地の業者を探すことができない。会社立上げ時、日本語のできる調達課長を採用し、彼と一緒に業者を数多く訪問した。

④**運転手の採用**　中国の専門家から、日本語のわからない運転手を採用することを指示された。理由は、当方が誰かと車内でしゃべったことがほかに漏れるとのこと。運転手はその会話の内容（情報）を誰かに売る可能性があるとのこと。したがって、非常に不便だが、当方は自分の運転手とは中国語でコミュニケーションする必要があり、彼に「十五時にA社の門に迎えに来てください」と、辞書で調べながら中国語で作文して、携帯でメールした。

⑤**営業**　営業部門は当方の責任範囲でなかったので、採用に関与しなかったが、彼らは英語ができて、かつ技術系の大学を卒業していた。お客への説明は文科系ではできないとのこと。

⑥**日本語通訳**　かなり大勢の通訳と遭遇したが、日本語通訳は東北（旧満州）出身の朝鮮民族が多い。彼らは子供のときは朝鮮語を使用して、小学校に入ると中国語を使用する。朝鮮語と日本語は類似言語で、その違いは方言の差であるという意見もある。語順が同じで（主語＋目的語＋述語）、助詞の使い方も同じ、漢字の単語は発音が少し異なるだけで漢字表示すれば同じ。漢字の単語の七〇～八〇％は同じとのこと。したがって朝鮮民族の中国人は日本語を覚えるのは簡単ゆえ、職業として日本語の通訳の仕事を選ぶのだ。なお、同じく中国周辺民族でもベトナム（越南）民族は朝鮮人と異なり、語順も発音も中国語と同じ。しかし、韓国と同様、フランス占領下で漢字を捨ててしまった。

中国人の英語能力

上海では十年以上前から小学校では英語を教えており、小学生は英語をしゃべることができる。実は十四年ぐらい前、蘇州に住んでいるとき、国慶節の休みに四川省の九寨溝、黄龍、峨眉山、楽山大仏のツアーに参加した。参加者は上海と蘇州のお客で、ガイドはもちろん中国語で説明した。しゃべるのが速すぎて、まったく聞き取ることができなかったが、小学校五年生のかわいい上海の女の子が、私の隣の席で英語に通訳してくれた。彼女も外国人の筆者と英会話する機会が楽しかったようだ。彼女のお母さんが笑って見ていた。

二〇一四年に上海の会社の設計部門で仕事していたときは、女性の設計者はすべて英会話が可能で、一方、地方出身の多い男性の設計者は約二五％しか英会話ができなかった。

大卒では女性のほうが英会話ができるのは、中国だけの話か、それとも日本も同じか？

携帯電話

中国ではスマホが普及し、電話やメールだけでなく、商品の購入やインターネットを使用した飛行機の切符の手配と支払い、現金の送金などに使用されている。

当方二〇一七年八月に上海・蘇州・茅山に訪問した。上海の大衆食堂での支払いが現金や銀行カードではできず、スマホでしかできないのにびっくり、仕方なく見ず知らずのお客にスマホで支払ってもらい、彼に現金を渡した。また、蘇州の友人の財布の中には現金が小銭しかないのにもビックリ、彼はスマホですべて支払いをしているとのこと。

ただ、スマホは現金の送金に使用できるので、スマホを盗まれたとき、銀行預金を下ろされる恐れがある。したがって、その銀行口座には最小限度の金額しか預金しない（日本も同じ？）。

地下鉄の中では、新聞を読む人はいなく、ほぼ全員スマホを見ている。最近の日本も同じ？　中国では新聞をほとんど目にしないが、図書館にはある。

タクシーの利用

タクシーで運転手に行き先を知らせるには、口頭より、文字で書いた行き先メモを渡すのが間違いない。運転手はメモを見て早速、携帯のナビにインプットする。文字は日本語の漢字でも通常大丈夫。

中国語会話の練習のため、前の席に座り、雑談をする。相手の言葉が聞き取れないときは、「再来一次、慢慢説」（もう一度、ゆっくり話して）という。

筆者は少し中国語で話せるので、運転手に「あなたは韓国人か？」と聞かれることが多い。つまり、韓国人は中国語を練習してから赴任するのだ。

また、白タク（中国ではナンバーが黒ゆえ、「黒色」という）や二輪車や三輪車などの料金メータのない車に乗るときは、乗る前に料金を交渉する。

会食

会食は非常に重要なコミュニケーションの場である。楽しく過ごすには、話題をたくさん用意しておくこと。相手は日本文化を知りたいゆえ、日本人として、日本文化をよく勉強して説明できるようにしておくこと。

あとがき

当方は元来空気圧縮機の開発技術者だが、中国に工場を立ち上げる責任者に任命されたのは五十代後半で、中国語を必死で勉強したが、結果として中国語で打合せができるまでは習得できなかった。つまり、若いときはさほど努力しなくても、外国語会話能力は習得できるが、年を取ってからは難度が高い。とくにヒアリングは成果が少ない。

相手に迷惑かもしれないが、下手な中国語でも、相手にドンドンしゃべりかけることが能力向上の要点だと思う。コミュニケーション能力が向上すれば、向上した分だけ、仕事だけでなく、中国での生活も楽しくなる。

第二章　現代中国人の行動パターンとその考察

❶現代中国人の行動パターンとその分析（事前調査不十分のまま行動開始、知行合一か？）

筆者はかつて、ターボ圧縮機の開発や圧縮機の省エネに取り組んできた。五十代も後半にさしかかったとき、上司より中国に進出を検討するよう指示を受け、二〇〇二年から中国の実情調査、工場の設置場所検討、パートナー探しなどに取り組み、二〇〇四年に現地工場を立ち上げた。二〇〇六年にはターボ圧縮機の一号機を完成し、商品化した。

四年間の出張ベースを含めた中国駐在で、中国文化に関心が深まり、日本に帰国した後、神田外語大学（一年間）、東洋大学（十年以上、主に大学院）にて、中国文化や中国哲学を勉強した。大学では中国文化の分析や解析を実施している。

その後、ますます中国文化に関心が深まり、文化遺産のある中国観光地はほとんどすべて訪問し、また中国で実施される国際会議で筆者の最新技術の発表や、一流大学で筆者の専門技術分野の特別講義を実施したり、二〇一一年からは出張ベースで中国の会社のコンサルを始め、二〇一三年からは上海に常駐し、自分の専門技術分野の技術の伝承や、中国の工場の省エネに取り組んでいる。

本章では、このような生活の中で中国・日本の文化・習慣の違いを取り上げる。経験や分析をを通じて、読者の皆さんのお役に立てれば幸いである。

中国人の行動パターン

①実情　日本人の常識的なビジネスマンは、新しい仕事に取り掛かる前に、仕事の内容・大きさ・難度を調べ、手順や段取りを考えて事前準備をするのが一般的である。

一方、一般的な中国人は、事前準備をせず、まず着手してしまうことが多い。例えば、出張要請があると、出張の目的・内容を詳しく知らないまま、準備せず出発してしまう。私がいくら何度も段取りを考えて取り組むよう指導しても、要請があるとすぐに現場に飛んでいく。準備不足で結局何度も出張することになり、生産性が非常に悪い。なぜだ!?

②原因　数人のレベルの高い中国人の友人とこのテーマを議論した。彼らがいうには、学校教育のせいだとのこと。

毛沢東はそれで革命に成功した。国民党から政権を奪うことに成功したが、一九五八〜六一年の「大躍進」は、大失敗し、食料不足で数千万人の餓死者を出したという。農業軽視で製鉄のために農機具まで炉で溶かしてしまったとの言い伝えも残っている。

③分析1（朱子学）　朱子の思想では、物事を実行する際には十分検討するよう主張している。その内容が『中庸』にあるので紹介する。

『中庸』とは朱子が古典の『礼記』の中から抽出したもので、同じく『礼記』から抽出した『大学』と『論語』『孟子』と合わせて「四書」とし、朱子がもっとも重視した教科書である。

中庸第十章「凡事予則立、不予則廢、事前定則不困、行前定則不病、道前定則不窮」

金谷治先生の翻訳

「すべてのものごとは、あらかじめ事前によく考えておくとりっぱに成功するが、事前によく考えもしないで始めると失敗するものである。（たとえば、）何か意見をいうにも、それが前もってしっかり固まっているなら、途中でつまずくようなことはない。何か事業を起こすにも、それが前もってしっかり確定しているなら、途中で苦しむようなことはない。何か行動をするときも、前もって計画が定まっているなら、途中でくよくよと迷うことはない。進もうとする道も、前もってよく考えて確定しているなら、ゆきづまって進めなくなるということはない」（『大学・中庸』岩波書店）

④分析２（陽明学）　実践重視の考え方は陽明学の「知行合一」に類似している。知行合一説は朱子の「知」と「行」を分けて、「知」を先にしろという考え方を完全に否定するものとして現れた。

ただ、吉田公平先生の解説（注１）によると、「知行合一」は常識的な実践強調論ではなく、「事上磨錬」（行動の中で自分を磨き鍛える）であるとされている。

（注１）吉田公平著『伝習録』たちばな教養文庫出版

朱子

王陽明

⑤レベルの高い中国技術者の意見　中国の会社の設計出身の副社長の意見では、現状の中国人が段取りを苦手としているのは、お金がないからだという。彼らは行動がお金に直接結びつくという感覚である。しかし、中国人でも教養のある人や、お金がある人は段取りや準備が大事であるという意見が主流だ。そして、彼らも、中国が日本のように豊かになれば、自然に変わると思うとのことであった。

ところで、中国人の九九％は王陽明を知らない。したがって「知行合一」という言葉も当然知らない。なお、数年前、中国人が「王陽明」という本を出した。上海の空港の書店で販売ベスト十に入った。当方、買って、前書きだけ読んだが、日本が成功したのは陽明学を使用しているからだ、我々中国人も日本人の真似して、王陽明を勉強すべきと書いてあった。

最近はその本が売れるためかその書店では類似の王陽明の本が三種類も置かれるようになった。その本が出る前は、中国の本屋には王陽明の本はまったくなかった。

⑥中国駐在の日本人の意見　大企業の経営者クラスの日本人と、本件ついて議論したらつぎのような意見が飛び出た。日本の大手の製造業の開発技術者は、事前検討に時間がかかり過ぎて、先に進まない。積極性がない。少しはリスクを覚悟して前に進むべきだ。

逆の見方をすると、中国人はトラブルの処理の仕方がうまいので、また、顧客もそれを承知しているので、トラブルが起きても、日本のように一大事が起きたと思わない。今のやり方で問題ないのだろうとのことだった。

中国語に次の言葉がある。「差不多《チャブトウ》」（大差ない）、「馬馬虎虎《ママフーフー》」（なんとか間に合っている、まあまあだ）。特に、（チャブトウ）と言う言葉はよく耳にする。私はこの言葉を聞くと、冗談で「差很多《チャヘントウ》」

（大差あり）と対応して、相手を笑わせている。中国では、何か起きても、この言葉「差不多」「馬馬虎虎」で終わりにすることができる。もちろん日本のように、再発防止に必死になることはない。日本に留学し、日本文化が大好きだった魯迅は「馬馬虎虎」という言葉が大嫌いで、死の病床にあって次のように言っている。

「……支那四億の民衆は大きな病気にかかっている。そして、その病原は例の馬馬虎虎ということだネ。あのどうでもよいという不真面目な生活態度であると思う。……あの不真面目な生活態度を肯定することはできないよ。……」（「魯迅先生追憶」『改造』一九三六年一二月号）

魯迅の像

魯迅の時代は馬馬虎虎であったが、私は現在の中国企業はそうではないと思う。この言葉は会社の中では聞いたことがない。しかし、差不多はよく聞く。

⑦**感想**　当方、中学時代に学校で『論語』を読み、高校時代に『孟子』を読んだ。六十歳を過ぎて、東洋大学で中国哲学を勉強するようになって朱子学を勉強するために「大学・中庸」を読んだ。しかし、「大学・中庸」の中身は自分にとって（日本人にとって？）当たり前すぎて、感動せず。日本人は、もともと本人は気づかず、朱子学を実践しているのか、または、日本人は朱子より先に朱子学を実践していたのかはわからない。

この二年間、中国に常駐して、中国人の行動パターンを観察した状態で、「大学・中庸」を再読して、びっくりした。中国人には必要な思想だと痛感した。朱子も当時、中国人を観察して、『礼記』から「大学・中庸」が必要として抽出したのであろうか。

中国の文化遺産を日本から逆輸入

中国人に指導しても、簡単に行動パターンを変えることはないだろう。

では、次のように説明したらいかがだろうか。

わたしたち日本人は中国の文化遺産、例えば、漢字や思想・哲学・道徳などを有効に活用している。中国人も中国の文化遺産を有効に使用すべきと、説明し、中庸を説明する。

つまり、中国では消えてしまった中国の文化遺産を日本から逆輸入することを提案する。

実際に当方は、中国人の若い社長に、中国で出版されている「四書」の『中庸』の第十章の部分に線を引いて贈呈した。

類似逆輸入例

上海に静安寺という大きな寺があるが、中国では消えてしまった真言密教を高野山から逆輸入した（なお、真言密教は空海が中国で学んだ後、中国ではすぐ消えてしまった。つまり空海の先生はもう消えることがわかっていたので、一生懸命ていねいに空海に伝授したと推定する）。

日本では通常なんでもないことが、中国という外国では、文化の違いで結構苦労するのである。

❷中国人の行動規範・倫理（「忠」は無く、「孝」重視の文化）

前書き

一緒に仕事する中国人の行動は、どんな規範や理念・倫理に基づくかを知っておくべきという思いから、二〇一五年の初めから、中国人が大事にしている徳目を聞いたアンケートをとって情報を集めてきた。アンケート項目は、中国文化で古来より重要なキーワード「智、孝、仁、礼、義、忠、信、誠」に「銭」を加えた。ただ、アンケートをとる時期によって、項目に違いが出てしまった。当初は、レポートとして発表するのが目的ではなく、自分の理解のためだった。

アンケート結果

アンケート結果を表1に示す。アンケートの順位を見ると、対象者別にまとめたＡＢＣＤの四つのアンケート結果全てで、「孝」を一番大事にしているという結果であった。

なお、生まれ育った環境や地域で倫理が異なる可能性があるので、出身地について説明すると、上海の会社員（ＡとＢ）と

表1　中国人が大切にしている徳目のアンケート結果

	アンケート対象者	1位	2位	3位	4位	5位	6位	7位	8位	9位	調査対象外
A	上海の女性会社員5人、大卒、23～29歳	孝	信	仁	忠	智	礼	義	—	—	誠、銭
B	上海の男性会社員5人、大卒以上、24～46歳	孝	信	仁	義	忠	礼	—	—	—	智、誠、銭
C	蘇州の飲み屋の女性7人、31～39歳、全員子供あり	孝	智	仁	礼	信	銭	義	忠	—	誠
D	蘇州の製造部門22人、20～50歳	孝	仁、忠、信			礼、義		誠	智	銭	—

「智、孝、仁、礼、義、忠、信、誠、銭」の9徳目を選択肢として重要な順番を選んでもらった。アンケートは調査対象者集団別にA、B、C、Dの4つに分けて集計した。調査時に選択肢に含めなかった徳目，選択肢に含める割合の低かった徳目は調査対象外とした。

蘇州の飲食店の女性（C）は、全員、地方から出稼ぎに来た人、いわゆる地方出身の人たちだ。一方、蘇州の工場現場の人（D）の半分以上は地元出身の人たちである。

「孝」について

当方は基本的には技術者で、仕事も自分の技術の伝承を目的にしている。文化評論は専門ではないが、当方の乏しい知識を基に、読者の皆様の理解のために、中国文化を代表する「孝」について解説する。中国の基本思想文化の中に儒教があり、その中で「孝」は重要な項目である。下記に、大阪大学名誉教授の加地伸行先生の著書からの抜粋を列記する。

儒教とは、亡き祖先の魂をこの世に招き慰霊する一方、自分の肉体（厳密に言えば遺伝子）**を子孫という形で残そうとする。それは、慰霊が行われることによって精神**（魂）**の永遠の存在を願い、子孫が続くことによって肉体**（魄）**の永遠の存在を願うことである。それらは、現実の親子**（親は将来の祖先、子は子孫の始まり）**の関係が備えている。そこで、祖先祭祀・子の親への愛・子孫の存在、この三者をひっくるめて「孝」と言ったのである。「孝」とは、端的に言えば、〈生命の連続の自覚〉ということである。それは死生観に基づく宗教的孝である。**（加地伸行著『現代中国学』中公新書、一二二頁）

また、加地先生は別の本で、「『孝』とは**生命の連続の自覚の上に立つ道徳とし、これを儒教では最も尊重する**」（加地伸行著『孝経』講談社学術文庫、二一〇頁）と解説している。

加えて、竹内実先生の著書『中国の思想』の生活の思想という項では、「**老人ほど尊敬をうける『孝』という道徳が、人間道徳の基本とも、最高ともされる。—中国の組織—近代的な政党を含めて—の家族主義・人間主義・人格主義は、この原型の家族主義に淵源している**」（竹内実著『中国の思想』

NHKブックス、一六七～一六八頁）と説明されている。

以上のように中国では「孝」は古くから儒教の重要な要素として現在まで引き継がれてきた。

「孝」関連例㈠　『三字経』について

中国人がなぜ「孝」を大事にするのかを説明する例として、「三字経」を取り上げる。昔から中国の子供は『三字経』(注)を暗誦させられる。子供が暗記しやすいように三文字の文章で作られている。「孝」についての部分を抜粋する。

（注）南宋の王応麟（一二二三～一二九六年）が編纂と言われている。

香九齢 能温席 孝於親 所当執	訳：黄香は九歳で自ら親の席を暖めることが出来た。親に孝であることを執り守るべきことである。（加藤敏先生訳） 注：黄香は後漢の人で、父親に孝養をつくした。天下無双、江夏の黄香
曰仁義 礼智信 此五常 不容紊	訳：仁義礼智信のこの五常を乱してはならない。（加藤敏先生訳）
孝経通 四書熟 如六経 始可読	訳：孝経を通読し、四書を熟読してはじめて六経を読むべきである。（加藤敏先生訳）

十年以上前、蘇州の会社の社長をしている時、私の秘書がこの三字経の竹簡を私にくれた。「これが中国文化です」と…。竹簡とは紙のない時代に竹割（竹の板）に文章を記入して本として使用したものである。

この原稿を書いている最中（日曜日）に、知り合いの中国人に「三字経を読んだことがあるか」と、携帯メールで質問したら、四人の内三人が子供の時に読んだと回答があった。また先日、大きな本屋で幼児用の本棚を調べたら、『三字経』と『論語』が並べてあった。

「孝」関連例(二)　花木蘭

親孝行の代表的な例として、「花木蘭（女性の名前）」を取り上げる。二〇一五年十月の国慶節の長期休暇に、私は武漢の近くの木蘭山（花木蘭が葬られた山の名前が木蘭山と呼ばれるようになった）を観光した。以下はその時の日記である。

八時出発　タクシーで木蘭山へ。往復一万四千円。

十時三十到着　山の上の木蘭寺まで登頂。入場料一、六〇〇円。

三六〇度山の上から下界の景色を見ることができた。運よく快晴で空は青く、青い湖と緑の山や畑、素晴らしい景色。ここは道教のお寺。

運転手と昼食後、木蘭湖へ。水が中国にしてはあまりにもきれい。しかし散歩する道がない。船に乗るしかないが、二時間以上かかるので断念。

船に乗らず帰ることにした。途中、木蘭将軍または花木蘭の鎧を着た像を公園や交差点の真ん中などで合計三体見た。

花木蘭の京劇の写真

「花木蘭」のストーリー　父に徴兵が来たが、年齢と体力で参加は無理ゆえ、娘の花木蘭が男に化けて父の代りに出兵した話（この話は、日本で上演した京劇で見たことがある）。彼女は数年間男の兵隊として働き、手柄も立てて木蘭将軍となった。地元に帰った時、彼女の元部下は彼女が女性であることを知り、皇帝に報告。皇帝は彼女を呼びつけ、妻になれと要求したが、彼女はその場で自殺。彼女はこの地に埋葬されたので、この地を木蘭と呼ぶようになった。

中国では「孝」が一番大事で、父の代りに出兵したのはまさに「孝」で、それで有名になったのだが、自殺しては親不孝と思うがいかがであろうか？　それともその皇帝があまりにも醜い男で、とても結婚はできないと思ったのか？　いずれにしても、激しい性格の女性だね！

「孝」関連例㈢　中国の仏教

「孝」の浸透例として、仏教を取り上げる。

武漢の浄土宗の寺で入手した無料配布の本の中に『真正的大孝』という題のハンドブックがあった。読んでみると、「孝道とは、まず第一に父母や祖先に孝養を尽くし、第二に自分自身が立派なことをし、本当の孝は、自分の父母と祖先を六道から離すのが真の大孝」と書いてある。六道とは仏教以外の道のことだから、この文章は仏教の宣伝である。しかし、孝を大事にしているのは、儒教の影響というべきか、実は中国の仏教は儒教の一部と見るのが私の結論だ。

この寺の別のハンドブックに『人生之目的』があり、これ読むと、論語の「朝に道を聞かば、夕に死すとも可なり」を引用してある。まさにこの寺の中国仏教は儒教そのものだ。尚、この本には人生の目的は「達成」と書いてある。実はこれは私の人生の目的と同じである。

日本の「孝」　東洋大学名誉教授の吉田公平先生（私が東洋大学で中国哲学を勉強していた時の先生）は日本の明治の教育勅語は「孝経」をベースにしているとおっしゃった。当時は国を一つにまとめるためのルールとして最適であったとのことだ。改めて、教育勅語を確認すると、確かに「父母に孝」とある。また、日下公人氏も、教育勅語の中身は石門心学（宋明儒学の流れをもつ）だと記述している（日下公人著『「新しい日本人」が創る二〇一五年以後』祥伝社、九二頁）。

江戸時代は知識階級、つまり貴族が中国古典、武士階級が宋明儒学を勉強して、庶民レベルには石田梅岩の石門心学が商人に普及していた。

そのほか、「孝経」は天皇の幼児教科書とされていた。例として、平安時代は天皇の就学始めの教科書には「御注孝経」が六種類もある（尾形裕康『就学始の史的研究』日本学士院紀要第八巻第一号、一九五〇年）。

表1のアンケート結果からもわかるように、中国では「孝」という文化遺産を大切に守っているが、一方、日本も明治以前からの儒教の影響や、明治の教育勅語のおかげで、庶民も「孝」文化になった。しかし、戦後アメリカのＧＨＱの指導で、教育勅語を破棄させられ、その後国会で決めた教育基本法から「孝」は消えてしまった。その後の日本は米国文化の個人主義を導入し、核家族になり、子供たちは家長の父親からの圧力から脱出し、そして個人主義が発展し利己主義に化した。

私が思うに、個人主義は米国をはじめとして、一神教の宗教国では、家族より神を大事にすることで確立している。東アジアには一神教は少なく、多神教で神による強い拘束はなく、神より家族を大切にする家族主義で平和だ。中東や欧州のような残酷な大量殺人の宗教戦争やテロは全くない。私には、「孝」という文化遺産を捨て個人主義に走った日本人は中国人よりも不幸に見える。参考として加地伸行先生の考えを記述する。

――現代中国に、儒教の実体・実像は健在であるか。

健在である。あれほど批判され否定されたのもかかわらず、中国人において、血の連続（祖先とのつながり）、血の鎖（家族の団結）、……〈血〉の重視すなわち〈生命の連続の自覚〉（儒教の孝）は微動だにしていないではないか。（加地伸行『現代中国学』中公新書、一二四〜一二六頁）

中国の「孝」の将来

小皇帝　さて、中国国政府は二〇一五年秋に永年続けていた一人っ子政策を止め、子供を作ることを二人までOKにしたが、一人っ子政策の時代の子供を「小皇帝」と呼ぶ。一人っ子は大事に育てられるので、どうしてもわがままになってしまう。その親は従来通り「孝」の精神で自分の親に尽くし、自分の息子の小皇帝からは大事されず、私の中国人の友人は、運が悪いとぼやいている。将来、この小皇帝が大人なったとき「孝」の文化は維持できるか？

「信」「仁」「忠」について　表1に掲載した上海の会社員へのアンケートで「孝」の次に大事だとの回答があった行動規範・倫理は「信」という結果になった。加地伸行先生の本を抜粋すると、

血縁関係のない他者との関係においては、「孝」以外の観念によってその人間関係を成り立たせなくてはならない。そこで、「まごころ」という観念を設定することになる。それが朋友との関係においては「信」、君主との関係においては「忠」として表される。（加地伸行『孝経』講談社学術文庫、一二三〜一二四頁）

つまり、ここでは、中国語の「信」の意味は友人との関係を大事にするという意味である。中国ビジネスはこの人脈が一番大事で、いかに多くの人脈があるかが、一つの大きな個人の能力・財産となる。日本人が考える友人関係とはだいぶ違う。

「信」「仁」「忠」の意味を下記に整理する。

「信」……友人に対する関係　**「仁」**……第三者に対する関係　**「忠」**……上の者に対する関係

「仁」は孔子と孟子が一番重要視した倫理で、孟子は生まれながらに持っているとし、性善説を提案し、朱子等の新儒学に引き継がれている。

「忠」は日本の武士道に引き継がれたが、中国では能力のある人材は会社への忠誠心はまったくない。転職による昇格と給与向上の方が優先となる。前述したアンケートでも「忠」の順位は四位と五位。ということは、推定では愛国心も低いと思う。他のアンケートでは最下位である。蘇洲の製造部門を対象としたアンケートで同点二位と高いのは、アンケートを取った人が、少し影響を与えているかもしれない。この人は自分の給与より部下の給与を上げろと社長に迫るような部下思いの性格で、それが影響していると思う（この人は筆者が十四年前に採用した日本語のできる製造技術者で、日本文化を理解した特殊な中国人と見るべきだ）。

ここで、中国ではなぜ「忠」の順位が低いかについて、加地先生の説を紹介する。

……日本では武家社会において、藩主に対して共同体的感覚が強く、忠道徳を共有していた、……明治維新以後、国家として近代化したとき、日本の全官僚が前時代における忠道徳を、天皇への忠道徳、ひいては国家への忠誠と平行移動……だが、中央集権国家であった中国・朝鮮においては、ごく少数の官のみ忠誠であったため、……忠道徳・公共への忠誠という道徳は、ほんの一握りの科挙官僚しかもっていなかった。……中国近代化の指導者であった孫文がかって自国の国民を〈ばらばらの砂（散砂）〉と評して嘆いた。（加地伸行『孝経』講談社学術文庫、二二七〜二二八頁）

筆者が聞いた中国の昔話（笑い話）を追記する。

戦争の前線で敵前逃亡した兵士を将軍が叱責したところ、その兵士は一人息子で、親を残して戦死するわけにはいかないと言い訳した。将軍はその「孝」の精神をたたえ、褒美を出した。その結果、次の戦いからは、兵隊全員が敵前逃亡した。

私の推定では、「孝」の精神が「忠」よりずっと高い現代中国では、深刻な戦争になった時、一人っ子が多い兵隊は、笑い話ではなく、現実に身の危険を感じたら逃亡が発生する可能性が考えられる。「孝」「信」「仁」「忠」はすべて人との関係であり、この四つはすべて人との関係である。中国は人との関係を大事にする文化がある。

「銭」について

ところで、筆者が行ったアンケートでは、「銭」の優先順位は高くなかった。ただ、このデータを見た友人（中国人）は、「オカシイ！『銭』はもっと優先順位は高いはずだ。プライドがあるので、本心では優先順位は高くても、アンケートでは建前で低くして回答しているのではないか」と評論した。また他の友人（中国人の女性）は、「貧乏人は『銭』の優先順位が高く、上位三位以内のはず」との意見だった。また他の友人（金持ちではない）は、「お金優先の米国人を軽蔑している」との見解を披露した。

私の評価では、たとえ建前でも、「銭」が重要でないとしているのは文化レベルが高い証拠と思う。当たり前のことだが、「銭」は幸福への手段や道具であって、目的ではないのである。アメリカ人にもアンケートをとって、「銭」の順位を知りたいものだ。

おわりに

ここでは「孝」が重要という中国人の意識に関心を持ち、「孝」を中心に分析した。「孝」が中国の永い伝統ある文化であることをご理解いただけたと思う。

我々日本人も米国（欧米）から取り入れた個人主義中心の文化と、「孝」を中心とした家族主義文化を、もう一度、客観的に比較し、見直し、どちらが幸福か、落ち着いて選択すべきと思う。ちなみに、中国の家族について追記するので参考にしてほしい。

子供が生まれると、一年間は母親が会社を休んで育児するが、二年目から祖母が育児し母親は職場に戻る。祖母が母親の家に来る場合と、子供を祖母の家で育てる場合の二ケースがある。祖母がどこで生活したいかによる。したがって日本のように託児所が不足するなどという問題はない。母親の母（祖母）が他の孫の育児で忙しい場合は、父方の母親が育児する。

託児所の保母さんが育児するのと、孫への愛情たっぷりの血のつながりのある祖母が育児するのと、どちらが幸福だろうか？　いわゆる、おばあちゃんがニッコリ笑いながら孫を抱いて歩いているのを頻繁にみると、本当に幸福そうに見える。中国はそれだけ家族主義なのだ。日本も昔は同じだったと思うのだが…。

なお、筆者は育児の専門家ではないが、松田道雄氏の書いた『日本式育児法』（講談社）では、幼児においては言葉を覚えることが、頭を発達させるのに最重要とし、そのためには話しかける頻度がもっとも重要としている。それができるのは、保母さんではなく、実の母親か祖母である。

託児所を増やす日本政府の方法は、ひょっとしたらこの大事な育児方法を間違えている可能性がある。育児の専門家で真面目に議論してほしい。

この話を中国人にしたら、祖母はしつけをしないので、孫をわがままにしてしまうとのことだった。日本と同じである。

先日、筆者の知り合いの中国人の父親（私と同じ年齢）の誕生日に、孫を含めて一四人の家族が集まった。ちなみにその父親の子は三人である。日本人の筆者の誕生日には、自分と孫を含めて集まったのは七人である。どちらが幸せか？

中国と米国・日本と比較するには、「信仰心」、「夫婦関係」「仕事」などを調査項目として追加すべきであろう。偏った分析で申し訳ない。私は儒学を勉強しているが、儒学にはこの重要なキーワードがない。

東洋大学で十年以上中国文化・中国哲学を勉強したのだが、「孝経」の古典の授業を受講したことはなく、自分自身この古典を読んだこともなかった。しかし、加地先生の本を読むのが大好きなので、先生の「孝経」を最初に買って読んだ。本には二〇一二年四月一八日に読了と記入してある。やはり日本人の私は今まで「孝」に関心が少なく、加えて日本の研究者も関心が少なく、あまり出版されていないのが現実である。

しかし、今回のアンケート結果を見たのがきっかけで、「孝」を勉強することができた。読者の皆さんもこれをきっかけに、「孝」と自分の幸福、家族の幸福を考えてほしい。

渡部昇一氏は以下のことを言っている。

キリスト教でも父母への尊敬は重要な戒律であるが、特別な宗派を除けば、これが十分尊重されなくなったようである。父母の尊敬は父母にとどまるべきでなく、先祖一般におよぶべきである。確かに親孝行が新しい人間学の立場から見直さなければいけない時期にきているようだ。そしてそれは現代の西洋の本にはまず書いていないことであるので、この伝統を持つ日本人から出発すべきであると思う。（渡部昇一『生きがい』ワック、二五四頁）

❸中国の「面子」の重要性とその対応策

中国人の意識や行動を理解するためには、「面子」について詳しく知ることが必要である。これを理解することで中国人との付き合い方も改善できる。なお、「面子」は重要なテーマゆえ、日本でもすでに数多くの書籍などで紹介・解説されているが、この課題に対する対処の仕方についてはあまり書かれていない。

今回は、筆者の中国駐在経験に基づく視点からの中国における面子の実態の報告と、対処の方法を提案したい。

「面子」という言葉の意味

言葉の意味を確認するため、「面子」を中国語の辞書で調べると、下記のように記されている。

一、（物の）表　二、体面、（他人に対する）義理、顔　三、うわべ、見かけ

また、和英辞書で「面子」を調べると、下記のような表現が見つかる。

一、honor（名誉）　二、save face（面子を保つ）

英語でも、face（顔）という意味で、中国、日本と同じ使い方をしている。

中国人のアドバイス

一四年前、蘇州へ赴任して最初に中国人に注意されたのは、「絶対に人前で相手を叱ってはいけない」ということだった。これをしてしまうと、相手の面子を潰し、相手から一生恨まれるとのこと。叱る場合は個室を使用する。このとき、筆者は「一生恨まれる」ということにビックリし、中国人の面子は日本人の面子よりもかなり重要なテーマであると知った。

日常の業務の中で

中国の会社において、自分の知らないことを担当部署に聞きに行った際に、その担当者が答えを知らない場合、延々と関係のない話をされることがある。このとき、こちらから「その話は関係ないから止めろ」とは言えない。彼の面子を潰すことになるからだ。したがって、我慢して関係ない話が終わるのを待つしかない。

また、担当者は「忙しいから答えられない」と対応する場合もある。いずれにせよ、担当者として「知らない」と回答するのは面子が潰れることになるのだ。

政治家の面子

過去、中国海軍がたびたび日本の領海を侵犯してきたが、これは海軍が自分の組織を誇示するためにしている行為だろう。つまり、当時の政府の許可を得ていないと思う。中国政府は面子があるから

「政府の許可なく領海侵犯をしている」とは言えないのだと推測する。今まで、中国では基本的に軍部は政府から独立しており、現政府はそれを何とか管理しようと努力している最中なのである。

見た目（見栄え）

「見た目を豪華にしたい」というのも、面子の一つだろう。レストランでの会食の主催者は、隣のグループより豪華な食事を用意したり、建物の見た目を大事にしたりする。特に中国文化を継承する韓国の個人の民家は、入口の門が非常に豪華である。一方、英国の金持ちの個人の家は、入口が非常に貧弱である。ただ、招待されて中に入ったら実際は大きな庭のある大邸宅であった。持ち主に聞いたら、「入口を豪華にしたら、泥棒に入られる危険が増す」と説明された。

中国人は自家用車も大きな車を選ぶ。日本ではまったく売れない燃費の悪い米国車が、中国ではそれなりによく売れる。品質よりも「米国」という高いブランドと、サイズが大きいという見た目のためであろう。

中国人のコメント

面子についての中国人の友人のコメントを下に記す。

「中国人は面子をとても気にしています。面子は自尊心とも言えますし、他人に対して優越感を持っていたら面子も保てると思っている人もたくさんいます。中国では、面子を気にしすぎていると『虚栄心が強い』と批判されますが、逆にまったく面子を気にしない場合は『上昇する気持ちがなくて良くない』と思われます。面子は、それ自体が単純に善し悪しということではなく、気にする度合いが適正かどうかが大事なのです」

対応策

もちろん、中国人だけでなく日本人も欧米人も同様に面子文化を持っている。しかし、中国人は「その自尊心（pride）の高さのレベルが違う」ということだ。したがって、中国人との付き合いは、この事実を知った上で行わなくてはならない。

では、彼らの面子を潰さないためには、具体的にどうすれば良いのだろう。

たとえば、相手の良いところを一生懸命見つける努力をして、褒めることを提案する。塾の先生が生徒にやる気を起こさせる方法と同じだ。また、他人の前では絶対非難をしないで、表現方法を変え、否定でなく代案とか対案という形で自分の意見を述べるのが良いと思う。非難ばかりで、代案や対案をまったく出さない日本の野党議員に、この方法を教えてやりたいな。

ランドセルに見る日本人の面子

日本人の面子の例として、「小学生のランドセル」を取り上げたい。なぜ、ランドセルは五万円ほどもするのか？　インターネットで調べると、理解しがたい理由がたくさん書いてある。なぜ素材に革を使用するのか？　なぜリュックサックではいけないのか？　リュックなら一万円前後で済むと思う。世界の中でランドセルを使用しているのは日本だけだと思う。六年間で小学生は背が伸びる。高学年では運ぶ教材も多くなるのでランドセルには入り切らず、別のカバンを手に持っている。途中で大型のリュックに取り替えるべきだ。

結局これは、ランドセルを買う親か祖父母の面子によるものだと思う。他人に貧乏だと思われたくない。売る側もそれを利用して、べらぼうな販売価格にしている。一年生の子供では品質を見分ける能力は拙いと思う。これは、日本独特の文化レベルの低い面子文化だ！　親や祖父母は早くこの文化から卒業してほしい。対策としては、小学校側がリュックを使うように推奨すればよい。サラリーマンも昔は革のカバンで通勤していたものだが、最近ではリュックを使う人が増えている。

コラム　「権力集中の成果」（習近平の二〇一八・三・二〇の演説内容）

二〇一八年三月二〇日の全人代の習近平主席の演説の内容を確認すると、「中国は他国の利益を犠牲にして自らを発展させたいとは決して考えておらず、中国の発展はあらゆる国家に対して脅威にはならない。中略　中国は平和、発展、協力、ウインウインの旗を高く掲げる。平和発展の道を外すことなく、開放戦略をとる。中国は公平や正義を擁護し、自らの意志を他人に強いることはない」。また李克強首相は次の様に演説「中国は自由貿易を守り続けるし、開放が中国の基本政策だ。（中略）日本を公式訪問することを前向きに考えたい。両国指導者の相互訪問は日中関係を正常な軌道に戻すのに役立つ」。以上、中国の方針は、基本的にトランプと真逆で、自国だけの利益を追求するのでなく、グローバルで他国との共生が基本方針で、日本と同じである。

当方は毎月中国を訪問していて、中国人の現政権に対する感想を聞いているが、彼らの評価は、安定し穏やかに成長する現政権の経済政策を高く評価している。今まで権力が分散し、統制の取れない状況から、権力が集中して安定した現政権を支持している。特に実務能力のある王岐山の利用も高く評価している。

また、習主席は「貧困脱却のための戦いを勝ち抜く……」とも演説したが、実際に三月のNHKのTV放送で、山の中に住む貧民を、街に一戸建ての新設住居を用意して移住させている報道があった。これは習主席の演説通りの貧困対策が実際に実行されていることが解る。

日本の報道は、習近平の権力集中を非常に批判的に捉えて報道しているが、その権力者が無能な場合は、批判してもよいが、有能で国民に支持されている場合は、民主主義の選挙で選ばれたが、常識外れのトランプ政権より評価すべきではないか。

実は、中国経済の実情を正しく把握分析し、今後の中国の経済の見通しを報告した、肖敏捷氏の著作「中国　新たな経済大革命　改革の終わり、成長への転換」（二〇一七年一二月出版）では、鄧小平時代を超える「経済革命」の到来とし、地方政府を中国経済の主役から降ろし、企業により大きな生存空間を与えたことが、習主席の精力的に取り組んだ課題と評価している。当方から見れば、これも権力が集中しないと出来ないことだ。

尚、中国政府の二〇一七年三月の不動産投資からインフラ投資への政策変更で、二〇一七年は製造業の需要が大幅増加し、当方の専門分野の空気圧縮機市場では、納入実績は三〇％以上増加し、生産が間に合わない状況が続いている。

第三章　中国経済成長の理由

❶中国経済の実態（二〇一五年の株大暴落を分析）

あらかじめお断りしておくが、当方経済の専門家でもなければ、記者でもない。しかし、中国に合計四年以上在住していて、日本で行われている報道が実態とかなりずれていることを日頃から感じている。

中国の景気

日本では、二〇一五年に中国の景気が突然悪くなったと報道されている。しかし、中国人や在住外国人は三年前つまり二〇一二年から、景気は悪くなったと自覚している。二〇一五年八月に上海上場の株が大暴落した。私から見ると景気が悪いのに、二〇一四年六月から一年で株が二・五倍にもなるという株価の上昇がそもそも異常であり、この下落は正常な方向に戻ったと見るのが正しい。

二〇一五年五月に発行された本で長谷川慶太郎氏は中国株の暴落の予想をしていて、見事的中している。（注1）

この暴落に日本の報道は大騒ぎし、日本の株も影響を受けた。何と米国の株まで影響を受けたのは私の想定外だった。経済の専門家の意見では、米国の中国への輸出はＧＤＰの一％で米国経済に影響はなく、逆に輸入は四%で、中国通貨の値下がりは米国経済に利益をもたらすとのことだった。その後、日本も米国も十一月には正常に戻った。

景気が悪いのに二〇一五年に上海株が上昇した原因は中国政府の金融緩和にある。

景気対策のために一年間で四度も利下げを実施した。預金金利も下がって文句を言う人もいるが、住宅ローンの金利がこの一年で約六%から五%近くまで下がって喜んでいる人もいっぱいいる。

中国政府の金融緩和の生んだお金が、実は株と不動産に向かったのだ。金融緩和の目的は企業の設備投資を支援するためだったが、お金は別の方向に向かってしまったのである。

個人投資家が集まる証券会社には、昼間から大勢の老人の投資家が椅子に座り込んで表示される数字を真剣に眺めている。

（注1）長谷川慶太郎著『中国大減速の末路』東洋経済新報社、二〇一五年

インフラ投資

日本の報道は中国の経済成長率が七%を割った、これは大変だと記事に書くが、当方の感覚では四~五%の成長でも、凄いことだと思う。政府は一応、七%前後を目標に景気対策を実施している。自動車産業が最大の市場で、中国経済にとってもっとも重要な産業だが、既に五〇%の設備が余っており、基幹産業の製鉄も三〇%以上設備過剰でドンドン倒産している。それで政府は、インフラに集中的に投資を実施している。筆者は上海に住んでいるが、あちこちで高速道路工事を実施している。上海市内の高速道路は片側何と四車線である。また、数多くの大都市では地下鉄工事が実施され、いくつかの有名な大都市はこの数年で皆地下鉄工事を始めた（当方が知っている例として、蘇州、杭州、

無錫、武漢、深圳など）。そして、大都市では現在同時に二個所以上の路線を追加工事している。上海の地下鉄は東京より既に総延長距離は長いと思われる。中都市も政府に地下鉄工事を申請しているが、許可が下りないとのことだ。

しかし、インフラだけに頼る景気対策はどう見ても偏りすぎで、限界がある。

経済政策

経済成長のためには、やはり今後は消費を伸ばす必要がある。そのためには、中産階級の所得の伸びが重要である。二〇一〇年より大都市の求人倍率は一・〇を上回っていて、給与も地方より高く、そして、毎年数％の賃金上昇が続いている。この中間層の消費の伸びに期待すべきであろう。全雇用に占める第三次産業の割合が五一・四％と、製造業（第二次産業）の四〇・六％を上回って、もう既に製造業中心ではない。ちなみに農業は八・〇％である。

また、〝中国政府の発表する成長率の数字は信用できない。なぜなら電力消費や鉄道貨物輸送が伸びていない〟と主張する評論家がいるが、中国は既に製造業中心の国ではなく、第三次産業の比率が大きいので、成長していないという見方は経済をよく知らない学者の推定と思う。

中国政府によって二〇一五年秋に発表された五ヵ年計画はテーマが多すぎて、私には何が重要かよくわからないが、二〇二〇年の所得倍増とか中間層の比率を上げるとか、「創業とイノベーション」の中身には、消費重視とある。経済政策として方向は間違いないと思う。

実は、今から十三年ぐらい前、上海の大学の先生につぎのようなことを聞いたことがある。中国政府は経済政策に関して、日本の過去の成功や失敗をよく勉強しているとのこと。その先生も勉強して政府にアドバイスしていると、筆者に打ち明けた。日本の報道は中国のやることは何でも方向違いのように報道するが、実はしっかりと過去の例を勉強しているのである。日本政府が過去に犯した経済政策の大失敗は非常に多くあるが、それを全部知っていると見るのが正しいと思う。

つい最近の例では、安倍政権の前の民主党政権で実施された政府と日銀のデフレ政策は誰が見ても間違いで、それに比べれば中国政府の経済政策は非常に安定している。

日本の庶民は中国より経済的に豊かなので、日本の政府の経済政策は中国より上だと思いがちだが、筆者は大間違いだと思う。日本が豊かなのは、製造業などの国際競争力があるからである。日本政府の経済政策が日本を豊かな国にしたのではない。

中国政府が安定した経済政策を取れるのは、日本のように選挙目当てのバラマキをする必要がないからである。日本は世界でも選挙が多すぎる国で、戦後七十年で四十七回の選挙が実施されている。つまり一・五年おきの選挙では、長期的課題が提示できず、また選挙を意識するため、痛みを伴う改革を提案できない。

一方、トップが五年の任期で、実質十年の長期政権の中国政府にはそうした束縛がなく、中長期の政策が実施できる。また、中国では毎年数%の賃上げが実施されている。

これは日本と大きな差であろう。二〇一五年の安倍政権のベースアップは何年ぶりだっただろうか？　また、日本の報道は、日本経済は欧米や中国の経済の影響で大きく変動するとしているが、経済運営がうまくいかないのを外国のせいにする他責主義はいい加減に止めるべきと思う。

ご存知のように、中国政府は日本政府のような莫大な借金はない。外貨準備は三・五兆ドル（約四三二兆円）もある超健全国家である。政府の収入つまり財源についてはよく知らないが、日本の消費税に相当する増値税が何と一七％である。

国営会社

国営企業やそれらが直接管理する事業体は、農業を除くＧＤＰの四〇％以上を占めるという。間接的に管理するものに都市や郷鎮企業を含めると、それらが中国経済に占める割合は五〇％を超えると見られる。

かつて日本が鉄道・通信・郵便・航空などの基幹産業を国営にしていたのと同じ。また米国が昔欧州のイギリスやドイツに追いつくため、政府が私企業を応援して成功したのと基本的には同じである。問題は中国政府がいつ民営化するのかだが、日本も民営化の際には大騒ぎだったことはご存知のことであろう。筆者の専門の汎用圧縮機分野では、無錫圧縮機公司という当時中国で業界最大の会社が数年前民営化された。

筆者は多くの国営企業の工場と民営企業の工場を見ているが、その間には大きな差がある。国営企業はまず製造設備に世界の一流品を買ってしまう。品質や利益の管理ではなく、一流品を揃えることが一番大切なこととなり、投資回収の意識が希薄である。したがって高級製造機械が稼働していなかったり、温度管理が必要でも、空調が停止していたりする。一方、民間企業はできるだけ製造整備への投資を抑え、調達可能な外注を探す。極端な話、加工設備なしで、すべて加工外注し、自社工場は組立てと運転と最終品質確認だけに使用しているケースが数多くある。

また、国営は営業部門が弱い。客が国営なら、どうも営業はいらないようである。中国は国営企業が多いので、分野によって違うのだろうが、それでビジネスが成立するようである。

一方、民間企業は販売とサービス部門が非常に重要で、優秀な人材を用意している。

外資製造業と中国資本企業

外資はそれだけでブランドである。例えば、会社の名前の前に国の名前がついて、美国＊＊＊公司となっている（美国＝米国の意味）。キーハードはすべて本国から輸入し、ローテク部品のみ中国で調達する。ある外資製造業を見学したら、高級な三次元測定器があったが、まったく使用された形跡がなかった。どうやら内製を諦めたようだった。

一方、中国資本の企業では立上げ時にキーハードを専門会社から購入する。販売やサービス体制ができて、事業が軌道に乗った時点で、海外の一流ブランド品をサンプルとして買い、コピーし、国産化する。これは世界中どこでも行われている一般的方法である。筆者も日本の製造業の設計部門で働いていたが、初めての分野に参入する時は欧米のサンプル機を買ったし、数年前韓国の製造業を訪問した時、私の開発した機械（当時世界最小のターボ圧縮機）がバラバラに分解されているのを見て、思わず笑ったものである。

庶民は国産ブランドを信用しないで、外国ブランドを高くても選ぶ。国産ブランドは故障が多いからである。

❷現地でしか解らない中国経済の実情

前項に引き続き日本にいるとなかなかわからない現代中国経済の実情を紹介しよう。

工業製品の支払い

当方、営業や経理の仕事に従事したことがないので、詳しくはわからない。ただ日本と違うのは、購入者は発注時に頭金を約三〇％支払うのが通常の取引であるという点だ。納入時には残りの七〇％を支払う。実は購入側の受入れ体制が遅れるのが一般的で、七〇％はなかなか入金されないので、メーカーは入金されるまで納入しない。その結果、製造メーカーはいつも在庫の山である。工場の中の広場や道路は製品の在庫でいっぱいというのが一般的だ。それでも在庫の置き場所がない場合、仕方なく倉庫を借りる。倉庫代を払ってでも、入金がなければ納入しない。つまり、入金前に納入したら永遠に入金されない恐れがあるのである。

個人の金銭感覚

第二章で「孝」を中心に分析したが、「金銭」も中国文化では重要なテーマである。

中産階級はまずは、自分の家と車を持ちたいと思っている。バブル前に不動産を運良く購入できた世代は、購入後の物価上昇、給与上昇で、銀行の借金が目減りしている。二〇〇二年頃、私の中国の会社の三十代の部下は皆自分の家を買った。会社もそれを支援していた。従業員が会社と違う地区に家を買いたくても、地元政府の住宅手当使用許可が出ないという不満を聞いたので、政府の担当者に交渉に行った。担当者曰く、「転職させないためだ、それは、社長である貴方のためにしていることだ」。なるほど、せっかく教育したのに、辞められたら困る。その当時、同じ世代の自分の息子や娘はとても自分の家など買えなかったが、中国人部下は皆、結婚すると自分の家を買った。当時、日本と中国とどちらの若者が幸福かと、皆と話題にしたものである。

なお、私の住んでいるアパート（上海）の持ち主に先日会ったが、何と三十代前半の若い夫婦だった。しかし、現在はバブル後で高くなりすぎて、地方では売れないアパートがたくさんある。ビルやショッピングセンターが無人で電灯の消えたままになっている。投資資金を貸した銀行は危ない。ちなみに私の住まいの近く（上海嘉定区。上海の西の外れで、地下鉄の駅前）のアパートは約二万八千元／㎡（五五万円／㎡）、八〇㎡で約四、四〇〇万円ぐらいである。住んでいるのは三世代家族が多い。

ちなみに、都会の中国人の平均給与を日本円に換算して以下に示す。（情報源：新聞など）

北京　工員　六万五千円　ホワイトカラー　一六万円
上海　工員　五万五千円　ホワイトカラー　一五万円
ホワイトカラーの新入社員　七万〜九万円

前回、個人は会社に対する「忠」がないと説明したが、サラリーマンの仕事に対する姿勢は、会社の利益より、自分の利益、つまり自分への評価を優先させる。つまり自分の昇給や昇格、ボーナスに直結することが優先となる。

税金

日本の消費税に相当する、営業税（増値税）は一七％である。しかしビジネスでは見積書に一七％が記入してあるが、売店のレシートには記入されていない。身近な中国人に聞いても、知らないか関心がないというのが実態である。一七％も払っていないながら関心がないとは、驚きである。なお資料によると特定物品（ガス、食用油、穀物、図書など）は一三％とある。

中国の女性は日本の化粧品が大好きだ。筆者が日本に帰国する時、会社の女性から日本製化粧品の購入を依頼される。中国市場では日本の約一・五倍の販売価額とのこと。どうも中国の輸入税のようだが、なぜそんなに高いのか理由はよくわからない。

一方、日本で昔見かけたような市場で魚や野菜、肉などを目方で買う場合は、非常に安価な価格である。この種のレシート・領収書（発票という）を出せない小規模販売者の納税は売上げの三％とのこと。路上販売の果物や野菜の売値はやはり市場の半額以下。路上販売は流通費や場所代もないからかもしれない。

所得税は日本と同じ累進課税方式（〇～四五％）で、所得が多くなると税率が上昇する。ただ年間の所得で決まる日本のような年末調整はなく、月ごとの税である。ボーナスにかかる税は低いので、月給の支給額を減らして、ボーナスの額を増やす節税が一般に実施されている。したがって、通常はその大事なボーナスをもらうまで辞めない。正しくいうと、辞めたくても、辞められない。春節（旧正月）の前にボーナスが支給されるので、春節の時期は転職を我慢していた人の転職が大量に発生する。

省エネの事業（筆者の専門分野）として納入する場合は、人件費の部分だけ、税が六％になる。政府に認可された会社のみだが、政府は省エネの推進を応援している。

相続税については、日本では二〇一六年から基礎控除が減ったため納税額が大幅に上昇して中産階級まで大変になったが、インターネットで見ると、中国では相続税も贈与税もない（二〇一五年五月十七日付け新聞記事）。富裕層の海外脱出を防ぐためと書いてあった。

ただし、税はどこの国でも、ドンドン変わるので上記の数字やルールは参考にとどめていただきたい。

インターネット販売

中国ではインターネットでの販売がかなり普及している。店で買うより安価だとのこと。店は場所代や人件費がかかる。少し値が張る物を買う場合は、まず店を訪問して、そこで品物をよく調べ確認して、インターネットで買う。筆者のアパートには到着した商品が山のように置いてある。日本も同様なことが起きていると聞いている。

各種報道によると中国は二〇一三年に米国を抜き世界最大のネット通販国になったとされている。昨年十一月十一日の「独身の日」に、中国の通販サイト最大手のアリババは一日のネット売上げが、何と一兆七、六〇〇億円だったとのこと。これは日本の楽天の十カ月分の売上げに相当するという。

庶民の日常の買い物

日常の買い物では、値引きはあまり行われていない。しかし、みやげ物売り場や路上販売は値引き交渉が必要だと、中国人に指導された。彼曰く、日本人ならみやげ物は表示価格の五〇％から交渉を始めて、約七〇～八〇％で妥協すべきとのこと。

実は、筆者は山東省の曲阜という孔子の故郷を観光して、帰りにみやげ物売り場で、孔子の記念の像の置物を買おうと表示価額の五〇％から交渉を始めたら、なんと五〇％でそのままOKと妥結してしまったことがある。びっくりして聞いたら、その店主はなんと孔子の子孫で、孔子ゆかりのみやげを買ってくれるのを喜んでいたのである。よく見たら店の入口に孔子の何代目の子孫と書いてあった。筆者も感動して一緒に写真を撮った。

筆者が住んでいるアパートは地下鉄駅の近くで、商店が密集しているとても便利な場所。中でも日系の店は商品の展示のレベルが高く、目的の商品を探しやすいので非常に便利である。近所に六から八ほど日系の店があるが、名前を思い出せるのは、全家（ファミリーマート）、ユニクロ、すき家、ダイソー。ダイソーは一〇〇円ショップでなく、一〇元（日本円で一八〇円）ショップ。ユニクロも日本のように庶民用でなく、高級衣服を取り扱う。すき家はウナギどんぶりが食べられるが、庶民が食べる水餃子や小龍包（日本円で二〇〇～三〇〇円）より二倍以上高い。

ピルズベリーの評価

ピルズベリーとはアメリカの国防総省顧問、ハドソン研究所中国戦略センター所長。

二〇一五年に出版された彼の著書『CHINA2049』（世界覇権１００年戦略）に筆者の知らなかった事実が多数記述されているので、その一部を紹介しよう。

ピルズベリーによれば、中国は一九五〇年代、世界の最貧国の一つだった。一九七五年になっても一人当りの所得は世界の最低レベルだった。しかしその後十数年で、経済状況は劇的に向上し、経済成長率は米国の五倍にもなった。

それは米国で、一九七九年カーター大統領が鄧小平に中国の科学者にあらゆる種類の科学的・技術的知識を提供することを約束し、専門知識の史上最大の流出を招いたことも影響しているなど、米国が中国を支援したことが数多く記述されている。中国政府は、経済において米国が欧州を抜いた政策を学び、日本・韓国の経済成長政策を学んだことも記述されている。また教えてもらうために、無知の振りをする技術を使用しているという。米国がいかに多くの支援を中国に行い、中国はそのためにいかに賢くふるまったかを、中国の古典の諺を引用しながら紹介している。

筆者の認識では、日本の新聞の経済記者は中国人の無知な振りに騙され、中国の政治家は経済を知らないという優越感で記事を書いている。日本の経済記者より、実は圧倒的に中国政府の経済運営者はよく勉強し、レベルが高いというのが、筆者の理解だったが、今回、ピルズベリーの本でそれを確認できた。

この本には、中国が二〇四九年に米国を抜いて世界一になる場合の米国としての心構えが書いてあり、また、数多くの中国の古典の引用は、それを趣味とする筆者にはとても面白かった。

中国の農業

中国の第一産業はGDPの八％しかないが、人口の割合は約三〇％（二〇一四年で三一・四％）で日本と同様に効率が悪い。昔の日本と同様、田舎の男性は現金収入を得るため都会に農民工として出稼ぎに行く。農業運営は現在非常に効率が悪いので、農業機械の市場拡大やシステムの改善などのビジネスが期待できる将来性のある分野である。

昔、ＮＨＫのＴＶ番組で見たのだが、中国の刈取り機械の所有者は他人の畑の刈取りを請け負う。

南から北へと刈取りの時期が移動するので、一台の刈取り機で時期をずらして何カ所も刈取りができ、合理的である。一方、日本は九州と中部地区、関東地区、東北地区と刈取り時期が違うのに、刈取り機を一年に一度しか使用しない。まったく日本の農業は効率が悪い。先日、農業機械メーカーに聞いたところ、中国は農業機械の稼働率が高いので、部品寿命も短いとのこと。当然だろう！

おわりに

日本人は中国を偏見（思い込みと優越感？）で見ている、自分たちの方が劣っている場合もあると気づかず、今まで、経済政策で何度も大きな失敗をしても、一部の国際的日本人以外は反省をしない。一方、中国の経済成長はこの三十年間非常に順調で、日本政府のような大きな借金もない。それなのに日本人はなぜ反省して、うまくやっている中国を見習うことをしないのか。

日本が製造技術に自信を持つのは当然だが、経済政策については、うまくいっている米国や中国を見習うべきだ。見習うにしても、まずもう少し知的レベルを上げる必要がある。数学が大得意の大蔵省（現財務省）出身の高橋洋一教授（理学部数学科出身）が指摘しているように、日銀も財務省も数学のできる人材を採用すべきと思う。

筆者のように中国という外国にいると、日本を客観的に観察することができてしまうのである。

❸日本が学ぶべき中国の消費拡大の実情（毎年十％の拡大の原因）

安倍内閣になり、デフレを止めて日本経済の没落を止めることができたが、思うように成長させることができない。一方中国は経済の高度成長は終了したが、年率六～七％の中度の成長が続いている。その大きな要因としては消費の伸びが毎年一〇％続いていることが挙げられる。一方日本の消費の伸びは毎年ゼロである。日本も消費が伸びれば、経済成長を助けることができるに違いない。

今回、なぜ中国が消費を毎年伸ばすことができるのか、なぜ日本はそれができないのか、大きな関心を持ち、分析することにした。この報告が日本経済の成長の助けの一つになることを期待する。

中国の消費が毎年伸びる理由

中国駐在時に数名の中国人に消費にお金を回す理由について、聞き取り調査をした。それを下記報告する。

①中国人からの聴取内容（二〇一六年実施）

⑴四十代男性、個人事業主　毎年物価が上昇しているので、収入は預金するより、使用した方が得である。住宅や車はローンで購入するのが得だ。老後の生活は妻と合せた、二人の年金で充分生活できる。この夫婦の場合、民間人の年金は一人分が四万八千～五万五千円／月で日本の国民年金とほぼ同じ額。なお、公務員の場合はこれより五〇％ぐらい多いとのこと。つまり老後の不安がないというこ

と。なお、預金金利や貸出金利は下記の表1、2の通り。一方物価上昇率は二〇〇六年〜二〇一五年の十年間の平均は二・九%で、現在の預金金利より高い。(出所:IMFの二〇一六年四月の推計)

(2)三十代の製造会社社長　消費が毎年一〇%増加し続ける理由は、経済が安定成長し、今後も経済について不安がないからだ。経済成長は重要である。中国人はお金を信じている。中国人同士の雑談の話題の中心はお金で、この点は日本人とは違う。

(3)四十代の工場長　四十歳以上は子供の教育費のため、貯金する。二十〜三十歳代の子供のいない世代は、さらなるインフレがあると推定し、貯金は損と思い消費する。蘇州の住宅価額は十年前の八倍、十二年前の十倍になった。

(4)五十代の女性通訳(日系企業の元管理職、定年退職)　二十〜三十代は物価が上昇しているので貯金は損するとして消費する。子供のために財産を残さない。食事を自分で作らず、外食が多くなった。皆旅行が大好き。

(5)三十代の設計技術者(米国企業勤務および日系企業勤務合計二名)　物価が上昇するので、預金しないで消費する。お金の値打ちは下がり、買った物の価格が上昇する。先日車を買い替えた。

(6)五十代の日系企業の技術部長　自分の住んでいる地区の上海のマンションの価格はこの半年で二倍になった。上海人は貯金する

表1　人民元預金金利
(2015年10月24日より)単位:%

項　目	金利
普通預金	0.35
定期預金(満期型3カ月)	1.10
半　年	1.30
1　年	1.50
2　年	2.10
3　年	2.75

出所:中国人民銀行
なお、上記預金利息には日本同様税金がかかる。(10%)

表2　人民元貸出金利
(2015年10月24日より)単位:%

期　間	金　利
1年以内(1年含む)	4.35
1〜5年(5年含む)	4.75
5年以上	4.90

出所:中国人民銀行

はずがない。

②中国人の所得の上昇　みずほ銀行のデータによると、上海市と北京市の最低賃金の上昇はこの五年間で二倍に増加している（平均一五％の伸び）。また日系企業の社長に聞いたが、今年（二〇一六年）のベースアップは五％を実施したとのこと。毎年の賃金上昇は消費増加に大きく寄与している。また、中国人の転職の目的は給与の増加で、ボーナスの支給後の春節（旧正月）前に非常に多くの人が転職している。

③中国人の消費実態　中国人の消費実態の公表データを下記報告する（表３、４参照）。

日本の中産階級と比較したいが、残念ながらデータがない。なお、当方も上海在住時に空気清浄器を使用した。

中国人の価値観

中国人の思考を知るのに、日本の中国文化学者の考察を紹介する。以下は森三樹三郎の本から抜粋。

「中国人の人生観や宗教観には、対立関係で捉えようとする一

表3　中間層の保有財の普及率

スマホ	86.8%
パソコン	83.4%
エアコン	78.8%
自動車	63.9%
空気清浄器	42.6%

出所：中国中間層調査2014
（世帯収入4万～21万元／年）

表4　中間層が利用する有料サービス

国内旅行	71.8%
定期健診・人間ドック	46.0%
スポーツクラブ	39.2%
子供の習い事	37.2%
子供の塾・通信教室	31.1%

出所：中国中間層調査2014
（世帯収入4万～21万元／年）

神教の欧米人や中東人と異なり、神は人間の内に宿り、その人間はそのまま自然の一部であるとする汎神論の中国では、すべてをまず融合のかたちで捉えようとする傾向は支配的である。（中略）食欲や肉欲が人間にとって欠くことの出来ない重要な欲望という意味に引用されることが多い。孟子が善政とするのも、結局は民衆の飲食男女の欲望を満足させる政治のことである。このように欲望そのものを肯定するものであるから、中国には『禁欲』の思想は存在しない。ただその行き過ぎを調整する『節欲』があるだけである。（中略）中国人が現実主義であるというのは、理想をすてて現実をとるという意味ではなくて、理想を現実の近くにおき、理想を現実のうちに求めることをさすのである」

（森三樹三郎『中国思想史（上）』第三文明社、三八〜四〇頁）

以下は加地伸行の本から抜粋。

「インド流のこの世は苦しみの世界、キリスト教徒のように人間は原罪を持つというような思想と違い、論語は（苦）でなく（楽）の世界。冒頭から『亦楽しからずや』。中国人は快楽を正しいと認める。中国人は現実的・即物的で現実に密着する（五感）の世界を最優先する。快楽に満ちた現世に永く生きたい。来世・天国・地獄のような現実感のないものは虚構の世界。」（加地伸行著『儒教とは何か』中央公論新社、七頁）

日本人のように、老後の備えのために貯金するという考えは中国人から聞かない。十年以上前に、日本の証券会社のセミナーで聞いた話だが、日本人の老人は死亡時の財産がピークで、一方米国人の老人は死亡時が最小とのこと。七十歳や八十歳になっても老後（？）のために貯金する日本人がいるのだ。日本の老人は天国で使用する金を貯金している（冗談！）。

一方、中国文化は、森三樹三郎が述べているように理想を現実の近くに置き、先のこと（老後）を心配しない。中国の諸子百家や宋明儒学も欲望肯定論で、毎日生活を精一杯楽しむ、快楽主義＋楽観主義なのだ。また、多くの本の幸福論や健康維持論には、この楽観主義が一番大事と書いてある。

一神教でない、日本教教徒（山本七平説）は一般的に死後の天国など想定しない。したがって現在を楽しむべきで、中国文化のこの主義を参考にすべきだと思う。そう提案する私も典型的な日本教教徒で、将来のことを必要以上に考える習慣がついてしまっていることを自覚している。やはり、現在の快楽と将来の不安とのバランスが大切だ。

日本人は死ぬと財産の一部を相続税として、政府に巻き上げられる。なお中国には相続税はない。快楽を制限して一生懸命貯金した金を政府に取られるのは本望か？　自分の好きなことに使用したいのが本望のはず。なお、二〇一六年六月二七日付の日経新聞夕刊によると（表5参照）、三九歳以下は中国と真逆である。理由は「将来が不安で消費できない。増える社会保障費が不安」とある。

以上整理すると、中国の消費拡大の持続維持の理由は、中国人が将来に不安を持たない現実快楽主義とインフレ対応の消費心理が主たるものだが、もう一つ重要なのは、今後も中度の経済成長が続くという政府に対する信頼度と考える。その信頼度も日本人から見ると、楽観主義に見えるが、日本のように一・五年に一度の国政選挙があってポピュリズムの政策を取らざるをえない政府と違って、中

表5　日本人の平均消費性向

60歳以上	92～94％
40～59歳	72～74％
39歳以下	66％（70％から低下）

国は五年間政権が維持できる安定した政権を持つ制度（通常二期十年間）であることも重要である。

日本への提案（消費拡大案）

①インフレ政策の採用　インフレは安倍内閣の方針であり、インフレでないと消費が伸びないことが上記の中国の例で確認できたと思う。

②長期政権の採用　中国や米国のように政府が長期に政権を維持しないと安定した中長期の政策が取れない。中長期の安定した政府でないと、政府を信用できない。信用できないと将来に不安があり、消費にお金を回せない。米国の大統領制を参考にすべき。

③楽観主義を参考　日本のジャーナリストは読者を確保するために将来の不安を煽っている。楽観主義の中国などのように幸福を味わっている国は世界に多くあり、その実態を報道し、参考にすべき。日本の報道は、貧乏でも幸福な生活の世界の実態をまったく報道せず偏っている。

④毎年ベースアップ実施　現政権も十分理解しており、積極的で、安倍内閣の方針は正しい。インフレ政策にもなり、相乗効果あり。

⑤三九歳以下の対策　この年代の不安解消対策が必要。本件について、当方は日本の実態の分析が不十分で、具体的な提案が書けない。将来の年金制度破綻への不安が、消費ではなく貯金をさせていると推定する。

あとがき

安倍内閣はインフレやベースアップが有効な手段ということは十分わかっている。しかし、インフレにできないでいる。経済の専門家でない私の提案は、お札をたくさん印刷して、お札の価値を低くすればよいということだ。なぜそれをしないのか？　そうすれば、円安になり輸入品の価額が上昇し、物価上昇の相乗効果があると考える。

消費を拡大するには、中国文化を参考にして、将来をあまり考えず、楽観主義で、現在を楽しむ快楽主義を提案したが、真面目（?）な節欲道徳文化の日本人には難しい提案だ。ただ、中国だけでなく、アジアには貧乏でも幸福そうに生活している例はいっぱいある。それをもっと見て、参考にすべきだ。分析ができていないが、当方の推定では、西洋や中東の一神教の個人主義と違い、アジアは貧乏でも幸福でいられる。これは家族・親族・地域の結びつきの強さが、「支えあい文化」「共生社会」を形成しているためだ。日本の「不安文化」は戦後マッカーサーによって「孝」（教育勅語）を捨てさせられ、米国文化の個人主義・核家族の「孤独社会」になったためだと思う。

以上中国で生活していると、日本を客観的に見ることができる。今回の提案が日本経済の改善に役に立てばと期待する。

❹中国の〝腐敗〟とは（実は古来中国では賄賂は合法な手数料）

腐敗とは

現在、中国や日本で使用されている「腐敗」という言葉は、官僚の権限を利用した不法な手数料受領のことで、それによる大規模な蓄財を指している。しかし、本来の「腐敗」の言葉の意味は不道徳なことを指す。そしてその基準も、その国の文化の違いで異なり、時代によって変化している。

無給と手数料の中国の歴史

中国の歴史では、中央政府から責任者（官吏）を地方に派遣し、派遣された官吏は現地で地元の役人を使用する。派遣された官吏は有給で現地の地方弁（話言葉）はわからない。一方、現地採用の地方役人は無給で官吏の通訳と実務政治を実施し、庶民から手数料（口利き料）を取る。無給ゆえ手数料をとるのは当然の権利で、合法で腐敗ではない。これが、宋代以後千年以上続いたのが中国の政治体制である。元代の中頃、仁宗の延祐元年（一三一四年）に中断されていた科挙の制度が復活し、朱子の注による「四書（大学、中庸、論語、孟子）」と「五経」が科挙試験の出題の原典となった。朱子学の内容は個人に厳しく、安心立命の宗教的な要求と、仁義忠孝といった社会的道徳であって、決して蓄財ではない。朱子学を基本とする科挙の試験が、以後明清代末まで約六百年間続くゆえ、中央政府から派遣される官吏は十分朱子学を学んで科挙の試験に合格した知識人の優秀なエリート役人であり、いわゆる取引が大好きな商売人ではないはず（？）。

しかし、現在の中国の報道を見ると、腐敗しているのは、地方採用の役人ではなく、中央から派遣された官吏が蓄財している。

蓄財は腐敗か？

孔子も論語の中で、商売で成功している子貢を肯定しており、蓄財を認めている。孟子や朱子は、君子は人民のことを思い、人民が心配なく平穏に暮らせることを確保できれば蓄財を否定していない。君子の代行である、官吏も同じ立場であり、つまり儒教の判断基準は人民の満足度であり、本来蓄財の有無と関係ない。

しかし、宋明哲学でも陽明学となると少し怪しい。

（例）王龍渓（王陽明の弟子）

日用の飲食声色貨色を極精の学問と見なしている。貨色：財貨・美色（陽明学大系『陽明門下（中）』明徳出版社、一四八頁、山下龍二著）

悪事を重ね、蓄財に余念がないのは、王龍渓は「習」（宿命）と考える。それでも良知の断たれた状態ではない。そのような明るい期待を彼らによせた。（荒木見悟『中国思想史の諸相』中国書店、二一二頁）

政治的能力と道徳

能力のある人材は、実社会では、ごく普通に蓄財ができてしまう。逆に、蓄財が普通にできてしまうくらいの人材でないと、政治的能力もないに違いない。自分を豊かにできない政治家が、どうして他人である人民を豊かにすることができようか。ここで、「腐敗」と「許される蓄財」との線引きは何であろうか？

たとえば日本では、法を犯していなくても、新聞や野党は、騒ぎを犯した政治家や役人の業務能力と業績はまったくといってよいほど報道しないし、評価もしない。多くのジャーナリストにとって、政治家や役人の行政能力の評価順位は非常に低い。古くは江戸時代、腐敗代表の柳沢／田沼時代は経済政策が成功し国民を豊かにし、文化も栄えたが、真面目な松平定信が経済を駄目にして、人民全員を不幸にした（堺屋太一説）。

中国でも腐敗が少なかったとされる毛沢東時代は、極貧で多くの人が餓死したという。当時、私の知り合いの中国人の祖母は、自分の孫の食料を確保するため、食を断ち餓死したとのこと。

日本の場合は、成功者や金持ちに対する「嫉妬心」が加わっていると思う。汚職で摘発される人物は能力と地位のあるエリート、それを囃したてはしゃいでいるのは、その地位になれなかった人で、彼らの嫉妬の爆発が公然と許され、庶民はそれを楽しんでいる。つまり日本の場合は政治的能力より「道徳と嫉妬」を優先する。日本は特殊な国で、英雄が嫌いで優秀な政治家が登場しても嫉妬で、小さな事件で引きずり下ろす文化だ。

過去の中国の役人の蓄財の例を記述すると、筆者が昔住んでいた蘇州には文化遺産に登録された大きく立派な庭園が数多くあるが、豊かな都市で役人が仕事をすると、財産がたまり、大きな庭園ができてしまうという実例だ。拙政園は一五二二年職を退いた高官が作った庭園で総面積は五万㎡。「拙政」の意味は、自分は下手な政治をしたという意味で、謙虚な高官だ。ほかにも、留園＝三万㎡、網師園＝五千㎡、怡園＝六千㎡、滄浪亭＝一万㎡など。蘇州は昔の呉の国の首都で、当時の重要産業の絹織物で栄え、庶民も役人も非常に豊かな都市だった。文化遺産は非常に多い。

現代中国の腐敗基準

中国の場合、腐敗を摘発する法律がどのようになっているか調査未了で不明。現実には、金額の大小より、むしろ政敵を追い落とすための口実に利用されていると推定する。なお、中国の大学の先生に聞いた話だが、中国では、紙に記載されている法より、裁定する権限をもった人（裁判官や役人）

の判定を優先するとのこと。

例として、当方に身近な上海市のケースを挙げると、二〇〇六年九月に、上海市を大いに発展させ、汚職防止を掲げた元市長で上海市委書記（上海市のトップ）の陳良宇が汚職で解任され牢獄へ。彼は副工場長まで務めた設計技術者出身で、上海に日本の投資が必要として、反日デモを取り締まった知日派。日本の報道では、彼が江沢民派であったことが解任理由。

つまり、現代中国では「腐敗」とは「追い落としの口実」と筆者は推定する。

二〇〇四年頃、筆者が蘇州のアパートに住んでいたとき、当時個人の自家用車はほとんど普及していなかったが、隣のアパートには自家用車がたくさん駐車してあった。高級アパートではないのに、車が多いのは不思議だなと思っていたら、公務員のアパートだった。現在の公務員は一般民間人より少し多い給与をもらっている。推定では、やはり口利き料をもらっていたのだろう。つまり、公務員は有給になった当時も「口利き料の文化」が続いていたと推定する。

なお、当時中国政府が腐敗防止方針を出す前で、接待用の高級レストランが数多くあったが、現在は商売が成立せず、閉店となっている。つまり現在は腐敗防止が実行されていると推定する。

腐敗対策実態報道

香港の雑誌（二〇一七年五月号）によれば、習近平と王岐山（中国ナンバー3）が反腐敗政策を実施しているとし、官僚およびその家族や国外居留者も含めて取り締まるとしている。二〇一二年の中国共産党人民大会（第十八回）以来、反腐敗政策は五年になろうとしている。

捕まった有力者として、周永康、薄熙来、徐才厚、郭伯雄、蘇栄が列記され、失脚（中国語では少将六十七名。

「落馬」と記載）は省部級高二十三名、副省部級高八十五名、離職中将十一名、在職中将二十七名、

また、二〇一七年一月号には、無期懲役で監獄にいる四人の「学習改造」の状況について二〇一六年の最終評価が記してある。

周永康…良好　薄煕来…差（劣る）　郭伯雄…一般（普通）　令計画…暫緩

また、二〇一七年四月号には曽氏家族（曽慶紅、曽慶淮兄弟）が四五〇億元の資産をシンガポールなどに所有しており、書類提出を要求されている（曽慶紅＝江沢民の大番頭）。

以上のように、香港の雑誌は日本の週刊誌と同様、腐敗の記事を楽しんで（？）書いているようだ。香港の読者も腐敗の記事が好きなのだろうと推測する。

提案

いまの日本のように、腐敗防止が勝手に目的となってはならない。真の目的は人民を幸福にすること。行政能力のある政治家を選び、細かいことにびくびくせずに、その能力を一〇〇％発揮してもらうことだ。蓄財の方を優先させないようにするには、十分な給与を支払うべきで（議員の定員を減らせばよい）、実業界より給与を多くしなければ、いまの日本のように、優秀な人は政治家を目指さない。日本においては政治の世界に「嫉妬」と「道徳」を持ち込まず、現状批判型でなく、改革提案型で実行力ある政治家を選択し、中国においては、いまこそ古来の知恵である公平な採用制度の「科挙試験」と「不久任制」（注）を復活し公平な社会を目指すべきであろう。

（注）不久任制：派遣官吏と地方勢力との結託を阻止するために、原則として三年ごとに交替する制度。

あとがき

過去、米国大統領のビル・クリントンは実習生との不倫スキャンダルで大混乱を引き起こしたが、八年間（一九九三〜二〇〇一年）の大統領の任務をまっとうしている。米国では、政治能力が道徳より優先される国民性が明白である。

一方、日本は一九七四年に当時の田中角栄総理は雑誌の金脈問題指摘が発端となり、退陣に追い込まれた。しかし、最近なって再評価されている。日本人も腐敗より、行政能力の方が大事だということに少し（?）気づき始めたようだ。しかし、これも石原慎太郎氏の指摘が発端で、きっかけをつくったのはジャーナリストでない。基本的には、ジャーナリストがそれに気づかないと、日本では今後も立派な政治家が生まれる可能性が低いと思う。つまり英雄は生まれない。

❺日本の財政再建の提案（国有財産の処分）

二〇一七年一二月に日本政府の二〇一八年度の予算案が発表されたが、ジャーナリストは毎年福祉費が増加し財政再建の見通しがないと非難し、経済評論家には具体的な提案がない。昔は物価上昇させれば、国債の価値がさがり大丈夫だという案で逃げていたが、この数年の日銀の努力の成果は乏しく、物価上昇も簡単ではないことが証明されてしまった。

数字に強い高橋洋一教授は、国有財産が負債の三分の二ぐらいあるから大丈夫と主張している。実は当方の住んでいるアパートの裏に、防衛庁の職員のアパートがある。四階建てのアパートが四棟あったが、二〇一七年一二月に全部壊された。高層のアパートに立て直すと推測する。JR津田沼駅前にも旧大蔵省の五階建てのアパートが二棟ある。

また、近くに自衛隊の大きな演習場もある。これは皆国有財産だろう。自衛隊の演習場は民間に売却し、もっと田舎に引っ越せばよい。民間に売れば固定資産税や所得税が入るようになる。

一番大きな国の資産は皇居と思う。天皇一家は京都に御帰りになればよい。明治天皇はちょっと江戸に行ってくると言って、そのまま江戸に住み着いてしまった。皇居の土地が民間になれば、固定資産の税収入が非常に期待できるはず。東京の真ん中で、陛下が田植えをするのはどうかと思う。

昔、大赤字の国鉄に税金を投入していたが、国鉄を民営化して、現在はJRに税を支払わせている。財政再建には税収の得られる改革、つまり、国有地の売却と国有企業の民営化しかないと思うが如何？

二階建ての日銀の古くて効率の悪いビルも売って、貸しビルに移転すべきだ。古い国有のビルはいっぱいあるはずだ。近い将来、日本も中国の様にキャシュレスの時代になり紙幣は減ると思う、関西の紙幣印刷工場も民営化しよう！

中国には、国営企業が大量に存在する。従って、これを売れば財政赤字は全く問題ない。

第四章　中国の交通事情

❶道路実情（車道、自転車道、歩道の三つに分離）

筆者が駐在したことがあるのは上海と蘇州で、何度も訪問したのは無錫・南通・長沙・西安・深圳・昆山などである。その実態を中国在住者として紹介しよう。

中国の道路

①一般道路（蘇州・上海）　新しく整備された地区（開発区と呼んでいる）は一般道路が車道・自転車用道・歩道と三つに分離されている。特に自転車専用道路は車道と完全に分離され安全で、自転車が原則車道となっている日本のように危険な状態ではない。

ただし、歩道には樹木があり、また駐車した車や自転車があり、狭くて歩きにくい場合がある。中国では歩道の駐車違反の取締りがない。駐車した車で歩道が歩けない時は、自転車専用道路を歩くしかない。

筆者の地元は千葉県の習志野市で、道路に歩道があるが、隣の船橋市は歩道がほとんどない。つまり、道路機能は中国の方が日本よりレベルが圧倒的に高い。十二年前、蘇州に住み始めた時、自転車用道と歩道が分離されていることと、電動自転車の普及の多さにびっくりしたものだ。

なお、日本も改善の努力をしている。最近では、都内の車道上の左側に自転車が走行すべき位置を示す「自転車ナビライン」の整備が進められている。

②高速道路　上海市内の高速道路は片側四車線で、日本より幅が広い。登録が上海以外の自動車は、繁忙時間帯は使用できない。したがって繁忙時間は一般道路を使用なくてはならない。政府は経済成長を維持するため、拡張工事を続けている。市外の高速道路は有料で、一時間ぐらい走ると、五〇〇円から八〇〇円料金を払う。少し高いと思うが、しかし、この料金が景気対策の道路工事というインフラ投資の財源になっているのだろう。

当方、日本で車を所有していないのと、都内でタクシーをほとんど使用したことがないため、東京の道路事情をよく知らず、上海と正しい比較ができない。しかし、東京都内の有料道路は非常に幅が狭いという印象を持っている。

③長い橋　上海と杭州を結び杭州湾を横切る橋や、青島付近や深圳空港付近には海の中に長い橋があり、湾海岸線だと曲線で距離が長いが、海を直線で横切る道路がある。日本も東京湾を横切る神奈川と千葉を結ぶ道路があるのと同じ。中国の経済成長のためのインフラ投資はすごい。

十四年前に蘇州に住んでいた時は、長江（揚子江）を船で渡っていたが、現在は多くの橋が完成し、車で渡ることができるようになった。国慶節の時、南通の長江の橋（片側三車線）は大混雑で、橋の料金所まで二時間待つことになった。長江の下流の上海と長興島はトンネルでつないでいる。

④横断歩道　歩行者が信号が青で歩き出しても、車は停車しない。渡る前に左右をよく見ないと危ない。日本の道路に慣れているので、左右を見ないで、車と接触しそうになることを何度も経験している。隣に警察がいても、関心なしで関与せず。信号のある道路での横断は、左右をよく見ない習慣のついた日本人の筆者にとっては危険だ。かえって横断歩道がない道を、左右をよく見て安全を確認して横断する方が、より安全だ。

中国では、歩行者は信号が赤でも、平気で渡る。昔、ワシントンで、日本人の筆者は信号が青に変わるの待っていたら、近くにいた若いアメリカ人の女性から、〝車が来ないから、渡れ〟と指示されたことがある。どうも信号を守るのは日本人だけかな？

❷自転車（電動自転車の普及率八〇％、日本は二〇％）

①一般自転車　庶民の重要な交通手段で、身近な場所の周遊にも欠かせない。当方も十四年前に蘇州に住んでいた時、折り畳み式自転車を購入し、行けるところまで走って、疲れた所で自転車をたたんで、タクシーで帰る計画をした。自転車の盗難が多く、友人の被害をよく聞く。特に新品は狙われる。

蘇州や上海ではレンタル自転車が普及している。地下鉄の駅の前に駐輪場があるのは日本と同じ。

②電動自転車　都市では、エンジンのついたオートバイは使用禁止か、または税金を非常に高くして

事実上の禁止としている。したがって、電動自転車が庶民の一般的乗り物だ。原付免許やヘルメットはいらない。役所の登録料は二〇元（日本円で約三〇〇円。南通市の場合）で、後ろの車輪カバーに登録ナンバーが貼ってある。販売価額も日本円で二～四万円と安い。通勤用として非常に普及している。二〇〇八年にオートバイと保有台数が逆転した。製造メーカーは約一千社あると言われ、生産台数は二〇一三年に約三千七百万台に達し、普及台数は二億台を超えている。自転車専用道路が普及しているので安全だ（中国では自動車専用道路は使用不可、一方、日本は原則として自動車道路を使用）。最高時速は五〇㎞／h。問題は夜間屋外に駐車すると電池を盗まれること。なお電池は安価な鉛電池が主流。

地下鉄の駅前には、大型の電動自転車（一見するとオートバイに見える）が、お客を待っている。白タクに相当する。中国人に聞くと、若者は速く目的地に着きたいので一般自転車を使用しない（つまり電動自転車は一般自転車より速度が速い）。一方、老人は運動のために一般自転車を使用するとのこと。

ところで日本の電動アシスト自転車は日本独特の自転車で、一般自転車扱いで、免許証や登録は不要で普及している。市場価額は七～一五万円で中国電動自転車の三～四倍の価額。ペダルを脚で漕ぐ力の約二倍のアシスト力が働くとのこと。

当方の調査による電動式の普及比率を下記に示す。

中国の電動自転車比率＝八〇～九〇％（調査場所…南通市ショッピングモール駐輪場、および上海市南翔の駐輪場）

日本の電動アシスト自転車比率＝二〇％（調査場所…千葉県習志野市ＪＲ津田沼駅前駐輪場および著者の日本住居のアパート駐輪場）

ただし、電動自転車は非常に便利だが、電池の寿命は日本と同様、短く五年ぐらいとのこと。電池寿命改善は技術者の重要な課題である。

日本のオートバイは自動車に比べて小さなエンジンゆえ、排気ガス対策は難しく、十分でないと思う。中国の電気自転車のようにオートバイに代わって、普及させるべきであろうが、まずは自転車専用道路を用意する必要がある。これは非常に難しい課題だ。

自転車の有効利用案

筆者はスポーツクラブで筋肉トレーニングの後、本や新聞を読みながら、エネルギー消費のために、固定自転車を漕いでいる。提案だが、この運動エネルギーで発電したらエネルギーを有効利用できるのではないか。また、電車の中に、専用の車両に固定自転車を配備して、乗客に漕がせて、その発電を動力用の一部として使用するのはいかがであろうか。乗客の発電分の運賃を返却すれば、乗客は健康と運動のために頑張るかな？

❸自動車（電気自動車の生産世界一、鉄板が厚いので事故に強いアメ車が好き）

①**車種**　都市によって、主流の車種が異なる。上海はフォルクスワーゲンが多い。近辺に生産工場があるからだろう。重慶ではスズキが多かった。タクシーまで小型のスズキであった。もちろんスズキの工場があるからだ。

中国では、日本でまったく見られないアメリカブランドの車が非常に多い。なぜか？　中国人は日本人と違い、アメリカブランド対する信頼が高い。また、なぜ日本ブランドでなくアメリカブランドを選ぶのか聞くと、日本製は燃費が良いが、ボディの鉄板が薄く衝突時の危険が大きいが、アメリカブランドは鉄板が厚いので安全とのこと。

話がそれるが、六〜七年前アメリカ南部でトヨタのレクサスが非常に多いので、なぜだと現地人に聞いたら、高級車はベンツとレクサスで、品質が同じだが価額がレクサスのほうが全然安い。値段の高いベンツを買うのは馬鹿だという。アメリカではアメリカブランドは高級車でないようだ。

なお、二〇一五年の中国の車の販売台数は二四五九万台で米国の一・四倍、日本の五倍。走る台数は一・六億台。

②**電気自動車**　現在数十万台で、第一三次五か年計画では、二十年に五百万台にすると二〇一六年三月五日に全人代で発表された。

その数十万台に含まれていないようだが、電気駆動の三輪タクシーがいっぱい走っている。メータはなく、乗車するとき、行き先を言って料金交渉をする。料金は通常のタクシーの半分ぐらい、小さいので狭い道もＯＫ。テレビで見たが、アジアの後進国でもこの電動三輪車のタクシーは普及している。チョットした距離に二千ccクラスの大型タクシーを使用する日本はどう見てもオカシイ！ CO_2をいっぱい出している。

湖南省長沙市では電気自動車の市内バスを見た。また、上海の同済大学の大学構内のバスも電気自動車であった。

また上海の市内には市内バスとして、まだトロリーバス（電池がなく、電線から受電する電気バス）が走っている。私は子供のとき、名古屋住んでいて、当時このトロリーバスがあり、乗車時ビリッと感電した記憶がある。

中国はこの分野では、日本より先進国である。

③燃料電池車　燃料電池車は中国ではいまだ実用化されていないが、二〇一四年一二月に上海の同済大学に特別講師として招待され、ターボ圧縮機の講義をした後、研究者の質問の内容から、この大学が燃料電池車を研究していることがわかった。講義の後、研究設備を見学した。フォルクスワーゲンなどの自動車会社からの委託研究を数多く抱えてる。中国の大学は企業や国から研究費を得て、研究する開発会社のような組織で、アメリカの大学に似ている。中国では工学部の大学の教授は中小企業の社長のようなもので、企業から研究費を貰ってきて、大学院の学生に従業員のように給与（生活費）を払っている。

④燃料電池車と電気自動車の比較

私個人の意見では、水素を燃料とする、燃料電池車は電池を使用する電気自動車より効率が悪い。なぜなら、水素は電気で水を電気分解し、ガスの水素の体積を小さくするため、圧縮したり、液体にしたりするむだなエネルギーが必要で、直接電気を使用する電気自動車よりエネルギー効率が悪い。

一方電気自動車の電池の蓄電容量は小さく長距離がむりで、充電時間も長く、電池寿命が短いという欠点がある。電池のエネルギー密度は小さいので、かさばり移動が難しいが、一方水素のほうは、太陽電池で発電した電気は水の電気分解で水素にして、それを液体水素にして貯めたり、移動が容易である長所がある。したがって、発電場所は日本ではなく、赤道に近く、天気の良い、砂漠で太陽電池で発電した電力を、液体水素に変えて日本に移動するというシナリオだと推定する。

なお、当方、個人的には日本国内で、太陽電池で発電した電気を非常に高い価額で買う日本の制度には反対。現在の買取り制度は、国民を搾取している。

電池の欠点は、大きくて、寿命が短いことと、充電に時間がかかることゆえ、その課題を解決する方法を提案したい。

電池の寸法を基準化（標準化）して、現在のガソリンスタンドに充電した電池を揃えて、蓄電量が減った（ガス欠になった）自動車は電池を交換する。スタンドに電池の自動交換装置を配備すれば、ガソリンを入れる時間より、交換時間は短くできる。燃料電池車用に水素タンクをガソリンスタンドに用意するより設備投資金額は安価。昭和四〇年代に上記の電池自動交換装置案は経済産業省の大型プロジェクト「電気自動車」で検討されたとのことである。もう一度検討してほしい。

すでに日本で電気自動車に乗っている人の不便は、聞くところによると、現在の電池の容量が小さいので、思うようにエアコンが使用できないとのこと。つまり冬は暖房できず車内が寒い。

どう見ても、燃料電池車の開発は、上記の私案より、技術的難度や総合エネルギー効率が悪い。本や政府発表の文章を見ても、初めに水素ありきで、電池自動車とのまともな比較がない。どうも、燃料電池車の案は、石油や石炭を原料とする製造プロセスで発生する余った水素の使い道のようだ。真面目な専門家による検討結果を見たいが見ることができない。読者の皆さんで、ご存知の方は当方にご紹介下さい。

⑤中距離バス　中国では都市間の移動には、中長距離の電車より、中距離バスの方が便利でよく使う。中長距離の電車は駅の中で歩く距離が長く非常に不便で加えて、電車の発車時刻の一五分以上前に到着する必要があるが、このバスは五分前で大丈夫。当方は乗り物から外の景色を楽しむが、バスの方が座席の位置が電車より高いので、遠くまで景色がよく見える。とくに一番後ろの席は一番景色がよく見える。ただし、所要時間は当然電車より長いので、長距離には向かない。

⑥タクシー　中国のタクシーは安価で便利。基本料金（初乗り）上海は一四～一六元（時間帯で違う）、蘇州は一二元で、日本円で一八〇～二八〇円。当方の中国語の発音は下手ゆえ、間違う恐れがあるので、運転手に目的地を紙に書いて渡す。運転手はほとんど携帯のナビを持っているので、すぐ目的地をインプットする。自分のアパートから、上海虹橋空港まで、二十分ぐらいで運賃は日本円で千円ぐらい。地下鉄だと八十分ぐらいかかる。日本だと電車のほうが車より早いが、中国では地下鉄は非常に遅いので不便。

白タク（営業許可のないタクシーは、中国ではナンバーが黒いので黒タクという）は、正規のタクシーが余っているときは安価で、いないときは逆に正規料金より高くなる。料金は需要によって決まる。当方の友人が、先日下車時に料金のおつりでモメて、ドアが開いたまま発車し、開いたままのドアにぶつかって怪我をした。つまり、白タクは危険ということ。

二〇一五年に上海モータショーの帰り、正規タクシーを拾えず、白タクを使用したが、正規料金の一・五倍ぐらいで妥協。運転手は一度に複数のお客を乗せようと営業活動しながら走る。また、地下鉄の駅前には大型の電気自転車（二輪車）の白タクがいつも数台客を待っている。

観光で目的の駅に着いたとき、まずタクシーでホテルに行くが、運転手に、観光用に一日いくらかかるか交渉を始める。メーター料金でなく、運転手の拘束時間と訪問距離で価額を決める。運転手も一日の仕事が確定するのはウエルカムである。

当方は通常、前の席に乗る。くだらない事を運転手にしゃべり、中国語会話の練習をする。しかし、運転手の言葉が聞き取れないことが多い。十二年前、蘇州に住んでいるときは、運転手は私のことを韓国人かと聞く。実は、韓国人は中国に赴任する前に中国語を勉強してから来るので、少ししゃべることができる。一方日本人は中国語を勉強しないで赴任するのが多い。それゆえ、運転手は中国語を少ししゃべる客は韓国人と推定する。

⑦市内バス　最近はあまり乗らないが、友人がよくスリの被害にあう。混雑していると、人と人の接触があるので、スリと区別ができない。

タクシーを拾えない場合、仕方なく利用するが、乗車したとき、車掌に降りる駅を伝え、その駅に着いたとき私に教えるようにあらかじめ頼む。乗車中は、スリと目的駅で降りられるかが心配で緊張する。また、日本と違い、市バスには可愛い車掌がいる。

⑧運転マナー（交通事故死） 基本的に歩行者優先のマナーはない。車同士も相手に譲る気持ちはほとんどない。運転中の割込みが非常に多い。料金所で並んでいても、割り込んでくる。したがって、結果として事故が非常に多い。交通渋滞の原因のほとんどは接触事故だ。当方蘇州に駐在時二年間で小さな接触事故を三度経験した。（タクシー、社用車、観光バス）ＷＨＯ（世界保健機構）発表の二〇一五年の年間の事故死の統計では、二十万人以上で、人口当たりの事故死で日本の約四倍だ。日本も昔、交通事故死は年間一万人を超えていたが、現在は約四千人。なお、中国政府はこうした統計は発表しない。

❹電車（停車時間が永い）

①地下鉄 上海には一号線から十六号線まである。日本語では地下鉄だが、中国語では地下鉄道を省略して地鉄と書く。当方のアパートは地下鉄の駅の真ん前で、駅は地下ではなく高架になっている。地下鉄は郊外になると、地下や地上でなく、高架で空中を走る。

上海の地下鉄の特徴は、停車時間が非常に長いこと。また起動停止の加速度制御機能が悪く、加速度の変化が大きいので、停止前に席から立ち上がると、転ぶ恐れがある。手すりをつかんでいないと危険。また、発車すると、車内放送で必ず終点の駅の名前を放送し、それからつぎの停車駅を放送する。日本では発車する度に終点の駅の名前など放送しない。ドアが閉まる前に、警報が鳴るが、その周波数が高く、音量が大きく耳が痛くなるので、その度に指で耳栓をする必要がある。上海の地下鉄の座席はプラスチックで、十分ぐらい座っているとお尻が痛くなる。以上のとおり、上海の地下鉄はかなりレベルが低い。蘇州、杭州、武漢、深セン、北京などの地下鉄にも乗車したことがあるが、この品質について記憶になく、上海だけの問題なのか不明である。

また飛行機の如く、改札口の前に、面倒な手荷物検査がある。

ただ、便利なのは、地下鉄の駅には必ず銀行のＡＴＭがあり、現金が下せる。一方、中長距離電車の大きな駅でもＡＴＭがないことがあり、現金不足で困ったことがある。例…岳陽駅（洞庭湖の最寄駅）

当方、不満があっても、地下鉄は便利ゆえ、よく使用する。実は当方実年齢より見た目は十歳ぐらい若く見えるのが特徴なのだが（勝手な思い込み?）、上海の地下鉄では、老人扱いで席を譲られることが多い。なんと五〇～六〇％の確率で席を譲られる。当方の日本での住居は千葉県の習志野市で、津田沼駅から京成線で成田空港行きをよく使用するが、シルバーシートの前に立っていても、過去一度も席を譲られたことはない。四十分間も立っているのは苦痛ゆえ、京成線に、グリーン車を用意してくれと要求したが、拒否された。シルバーシートがあるからだと。

上海市民のほうが、京成線利用の日本人（おもに千葉県民）より、道徳的にかなり上だ。

②中長距離電車　電車料金は三階級ある。飛行機のファーストクラス、ビジネスクラス、エコノミークラスと同じ。運賃は非常に安価ゆえ、当方は真ん中のクラスを選んでいる。日本の新幹線のグリーン車と同様、座席は横方向に四列、一般車は五列。外の景色を見るのが大好きな私は、運悪く席の横の窓の位置が悪いと、外が見えない。そうしたときは、外の見える空いた席に移る。また、飛行機と同様、お菓子や水を無料で配る。（ビジネスクラスだけかもしれない）

約十四年前、隣の席の中国をよく知る外国人に、電車の中での居眠りは危険だと忠告を受けた。隣にスリが座るとのこと。

電車の速度表示で三〇〇㎞／h以上の表示が出るので、瞬間速度は速いと思うが、停車時間が非常に長いので、トータルの平均速度は遅いと思う。停車時間を計ったことはないが、五分間ぐらい止まっている。日本の新幹線はせいぜい二分間ぐらいだと思う。

以上が日本の新幹線に相当する電車だが、日本の在来線に相当する電車もある。日本と違い、レールの間隔は同じで共用していると思う。たまたま最近、昼間の寝台車に乗る機会があったが、窓が大きく、速度も遅く、景色を味わうのにぴったり。

電車の製造は、国営の北車と南車が製造してきたが、二〇一五年にこの二社が合併し、中車になった。南車はすでに海外へ輸出できる技術は完成しているが、北車は未完成ゆえ、今後の海外進出のために合併したと推定される。インドネシア向け輸出商談の受注と関係があるかもしれない。

乗車には、飛行機と同様、身分証明書が必要で、日本人の場合はパスポートが必要。手荷物検査もある。

❺飛行機（遅れが常態化）

広大な国土の中国では、ビジネスでは飛行機の利用は必須である。

当方は二〇一六年一～二月だけでも、十回搭乗した。

飛行機利用の問題はいくつもあって、下記に列挙する。

①出発時刻の二時間前に集合しろと切符に書いてある。日本だと国内線は二十分前?
②上海虹橋空港行きは、二時間遅れの出発が常態。推定理由…虹橋空港への着陸機が多すぎて着陸できず、出発許可時刻を遅らしている。
③搭乗手続きに時間がかかる。日本の五倍ぐらい。理由…作業段取りは非常に悪い。
④持ち物検査場から搭乗口まで、非常に遠く、移動に二十分以上かかる場合がある。
⑤一番安い航空会社は春秋航空だが、七十歳以上のお客を拒否している。
⑥携帯で支払った航空券価額と、空港で入手する領収書の金額が違う。金額表示が、高かったり安かったり、訳がわからない。

なお、飛行機はすべて、欧米からの輸入品で、中国国産品はない。

ただ、女性乗務員は日本より美しい。

中国の地図を見たときの印象は、平野が多いと思ってしまうが、実は飛行機の窓から見る風景は、日本と同様、山谷が多く、平野が少ないことがわかる。

料金は電車やタクシーと同様、日本に比べて非常に安い。成田と上海間の往復切符は中国で購入すると日本円で約三万円で、日本で日本の航空会社から買うものの約三分の一。

❻水路（輸送量の約五〇%を占める）

船は仕事では使用したことはないが、日本と違い中国では重要な荷物輸送の交通手段ゆえ、知る範囲内で報告する。ちなみに、二〇〇〇年頃のデータでは、荷物の重量ベースの水運輸送量は全体輸送量の約五〇%で、鉄道は約三〇%と自動車道路が約二〇%。日本の新聞は中国の鉄道輸送量が減少したから、七%の経済成長は嘘だと報道したが、鉄道輸送量のデータだけで判定するのは間違い。

中国では、昔から重要な交通手段として、道路より、河や運河を利用していた。河川は東西、運河は南北の通路である。長江（揚子江）は巨大な河川で荷物運搬船の数多く行き交う。それゆえ、長江沿いに数多くの大きな都市が栄えている。上海市の真ん中を通る黄浦河も運河だと思うが、すごい交通量だ。石炭や土砂、原料を輸送する運搬船が多い。一方黄河は昔は洪水で有名であったが、いまは水がなく、河口近くでは歩いて渡れると聞いている。青島の海は黄海と名前がついているが、昔は黄河の黄色い水（黄砂の水）が海を黄色にして黄海と名付けたのだろうが、いまは黄河から水が来ないので真っ青な色の黄海となっている。

二〇一五年に江蘇省の北の昔の洪水の地区の洪澤湖を訪問した。この湖の名前の意味は洪水だらけの湖という意味だ。洪澤湖の東側に京杭運河が南北に走る。京杭運河とは北京と杭州を結んでいるという意味。この運河ができるまでは南船北馬といって、北には運河がなく馬車を使用していた。当方はこの運河を小さい船で横切ったが、運搬船の通行量が多く、その通り過ぎるのを待つのに時間がかかる。

地元の博物館にはこの地区の治水が重要な仕事で、明清時代の治水工事の記録やその業績のある人物の業績が展示されている。また昔は黄河が現在の位置より南側の江蘇省の北を流れ、現在では廃黄河という名前の河になっている。河南と河北を分離するのはこの現在の黄河でなく、この廃黄河で、分離の場所に分離場所を示す記念の橋があった。（河南、河北の「河」は黄河の意味）

蘇州に住んでいたとき、城壁の外堀に客船の波止場があり、運河を使用した杭州行きの夜行の客船が停泊していた。寝台車に相当する客船だ。また観光目的で蘇州や上海で、小さな運河を使用した手漕ぎの遊覧船には何度も乗船している。舟から見る古い町の風景は素晴らしい。漕ぎながら楽しそうに歌を唄うオバサンもいる。

蘇州は面積の約五〇％は水で、運河だけでなく湖が多い。舟を住居にして人もいる。住居用の舟は洗濯物を干しているのでわかる。隋の皇帝が蘇州に遊びに来たときも運河を使用したと聞いている。

また今回改めて、蘇州の地図を見てびっくりだが、道路だけでなく、水路（庶民用の運河）が碁盤の目のように東西南北に直角に交差している。そしてその水路の多さに驚く。ここは呉越時代の呉の国の首都であったが、計画的に水路を造って、庶民用交通水路として使用していたことがわかる。蘇州の水墨画はこの水路が主役である。当方の日本の自宅には、その絵が三枚ほど壁に掛けてある。その絵では、売り子が舟から運河沿いの家の人に販売商品を棒の先につけて、お客に直接渡している。

当方、昔蘇州に住んでいたので、水路の多さは実感していたが、地図を今回改めて見て、その配置が整然として、かつ、その多さにビックリした。なお、同じように水の街と知られているイタリアのベニスの場合は、水路が発達しているが、陸の道路がなく、橋も少なく、文化的に蘇州よりかなり遅れている。

長江の水は下流の上海では茶色に濁っているが、三峡ダムの上流はダムでせきとめられているため、水深は深く、流れが遅い個所では砂が沈殿し水が澄んでいる場合もある。当方上流の重慶から観光船で三峡ダムの下まで、長江下りをしたことがある。上流では場所によっては、水の色があまりにも綺麗なのでこれが長江かと思った。また、逆に真っ赤な色の水流の場所もある。武漢の辺りの長江も濁っているが、十月の国慶節のとき、浮き袋をつけた男性が数人泳いでいた。日本ではこのような濁った河では泳がないだろう。

運河、湖、河などいずれの場合も舟に乗って移動するのは、美しい景色がゆっくり移動し、快適だ。中国では、望めばその機会はいっぱいある。一方、日本の川下りは、スピードが速く、どちらかというと、景色よりスリルを味わう。

湖を楽しむのに、舟だけでなく、それを横断する道があって、その道を歩いたり、自転車や車で横断するのは非常に楽しい、杭州には有名な西湖があって、横断する長い道（自動車は不可）が二本ある。武漢には東湖があって、車で横断する道がある。湖は湖岸の道が直線ではなく曲線ゆえ距離が長い。つまり、湖岸を使用しての移動は距離が長く不便ゆえ、直線の横断道路を造ってしまう。西湖の横断道路の蘇堤は蘇東坡（役人で詩人）が造ったので、その名がついている。

まとめと今後の課題

上海の地下鉄はあまりにもレベルが低いゆえ、日本の技術者の指導を受けて欲しいと強く望むが、一方、中国の道路には自転車専用道路が普及していることや、電気自転車や電気自動車の普及の多さは、中国の文化レベルの高さを表している。日本も見習ってほしい。ただし、電気を使用すれば、CO_2削減になるわけではない、中国の発電量の六四％は石炭火力発電。しかし、電気の利用は排気ガスによる大気の汚染を抑制できる。ちなみに、いわゆるエコカー（電気自動車とハイブリッドカー）の中国の生産台数の二〇一五年の実績は三十三万台で世界一位、二位の米国の二・五倍。原因は約百万円の補助金らしいが、その補助金は二〇二〇年まで継続する。日本より真面目な政策で成果が出ているが、日本の新聞はこうした中国の優れた政策や成果を報道しない。

しかし、中国の交通死亡事故の多さは、日本の四十年前と同じで、運転手のモラル向上や交通警察官による規制強化が必要。

第五章　現代中国の宗教の実態

❶宗教の定義

中国は基本的には現在も儒教社会である。ところで、儒教は宗教なのか？　宗教の定義から入らなければならない。

宗教の定義

宗教の定義は下記の通り。

①**辞書（大辞泉）**…宗教とは、神・仏などの超越的存在や、聖なるものにかかわる人間の営み。

②**加地伸行名誉教授の定義**…宗教とは、死ならびに死後の説明者。（加地伸行『儒教とは何か』中公新書、三三頁）

③**吉田公平名誉教授の定義**…科学的に証明できないことを信ずること。（例…性善説）

加地先生は、②の定義で儒教は宗教としている。

中国の宗教比率

①Wikipediaのデータ（図）　②やわらん.netのデータ（表）

中国の生活や文化に関する情報サイト「やわらん.net」によると、二〇一〇年に行われた中国の宗教に関する調査では以下のような結果が出ている。十数億人が何らかの形で民俗宗教や道教に帰依しているといわれるが、大半は自分は無宗教だと認識している。

以上の調査では、儒教を宗教に含めていない。

図　中国の宗教比率

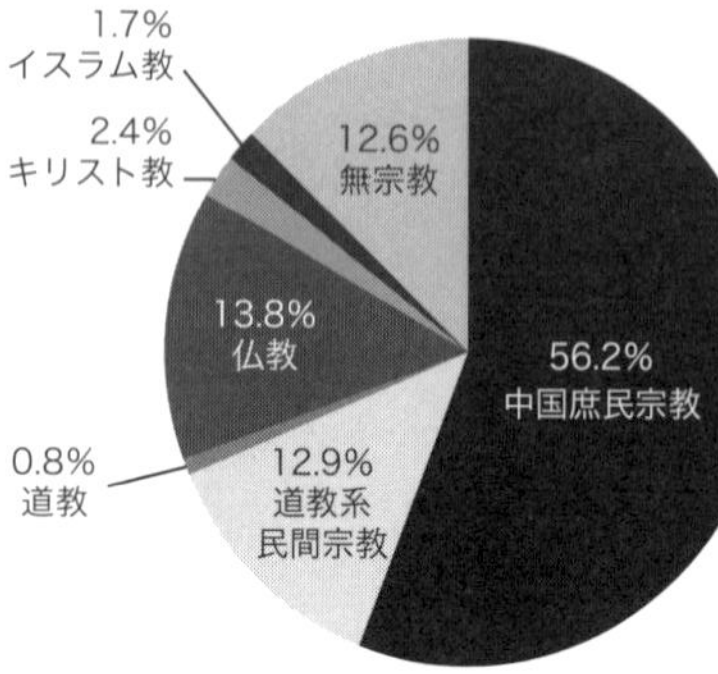

出所：Wikipedia「中国の宗教」ページ

表　中国の宗教比率

民族宗教	2億8500万人（21.9%）
仏教徒	2億3700万人（18.2%）
キリスト教	6650万人（5.1%）
イスラム教	2340万人（0.8%）
無宗教	6億7870万人（52.2%）

出所：http://www.yawaran.net/playground/religion.shtml

❷儒教（本人は自覚しないが、中国人は「孝」重視で皆儒教徒）

①儒教とは何か？　加地先生の本「儒教とは何か」から要点を述べれば、儒教の重要な二つの要素、礼教性（規範）〈表層〉と宗教性〈深層〉から成り立っており、清王朝が倒れることをもって、王朝体制と不可分の関係にあった経学（儒家が作った経典を研究する学問）の時代は終わり、朱子学も急速に力を失った。儒教の持っている礼教性がなくなり、宗教性はしぶとく生き残り続けている。

儒の起源は、冠婚葬祭、とくに葬送儀礼を専門とした集団で、孔子は母親がその儒者であった。

②現代中国の儒教　二〇一六年五月十四日に東京で、日本儒教学会創立大会が実施され、中島隆博東大教授が「現代中国の儒教復興」というテーマで講演された。その中で現代儒教の三類型を説明された。「儒教国家論」、「儒教国教化論」、「儒教公民宗教論」で、その中の「儒教公民宗教論」は陳明氏が唱え、宗教の観点から儒家文化の歴史的文化的働きを理解し、その現実的な意義と位置を探索しようとするもの。当方はこれが庶民の立場の儒教と推定する。

宗教比率のデータの中で、一神教のキリスト教とイスラム教以外は現代庶民儒教と推定する。つまり全体の九〇％以上である。

その根拠は、第二章の「現代中国人の行動パターンとその考察」で報告したように、儒教の宗教性の最も重要な「孝」を一般中国人が最も重要というアンケート結果だったから。「孝」は〈生命の連続の自覚〉で死生観に基づく宗教的孝である。また中国仏教もその実態は、やはり第二章で述べたように、当方の主観で見ると、中国仏教は儒教の一部である。仏教寺院が発行している本には本来仏教と関係ない「孝」が大事だとか、論語を引用している。中国仏教はインドから入った後期仏教（大乗仏教）から、中国流に大きく変化（儒教化）しているのだ。国の経済が活況を呈し、世の中が繁栄をもたらした時代の漢の七代目皇帝の武帝（BC一四一～BC八七年）は若くして儒教に傾倒、儒教を国教と定め、政治の指導原理として中央集権体制を確立した。地方の郡国から儒教の徳目である孝行や廉潔（私欲がなく、心や行いが正しいこと）な行為の実践者を推挙させ、選考して郎中に任命した。これを孝廉という。

元の時代に、国家体制を構築するのにきわめて有効な朱子学の政治の礼教性的上部の規範が使用され、科挙の試験の教材になり、清朝時代まで使用された。それの礼教性部分と、現在も残る宗教性部分と完全に分けて考えるべき。

そして儒教には、固定した教義・教団組織がない。論語は箴言集で経典ではなく、孔子・孟子・朱子も教祖や救世主ではなく、指導教師に相当。救世主にお願いする宗教ではなく、生活の現場で、現世に快楽を求め、他者に助けてもらうのでなく、自分で努力して自分を救う自力救済の宗教。キリスト教の「恩寵」（神の恵み）や「救い」に相当するものは儒教にはない。

（ただ、最近政府が孔子学院を世界各地に設立しているのは、海外の大学などの教育機関と提携し、中国語や中国文化の教育および宣伝、中国との友好関係醸成が目的で、孔子の名を使用しているが、あくまでも中国語語学教育機関であって、儒教教育機関ではない）

③孔子廟（文廟） 数多くの孔子廟があるが、道教寺院や仏教寺院に比較すると、参拝者は少なく、

人気がない。孔子は救世主でないので、お願いの対象ではないことがわかる。数年前、台湾の孔子廟を訪問したとき、その運営者に訪問客の目的を聞いたら、自分の子供の受験合格祈願がほとんどとのこと。江蘇省の人も同じことを言っていた。日本の学問の神様菅原道真を祀った天満宮に相当する。本記事の執筆のため二〇一六年に蘇州の真ん中にある孔子廟に二度目の訪問をしたが、孔子の大きな像があるが、訪問客はほとんどいない。講義をする部屋や読書室があった。読書室で老人が二人暇をつぶしていた。本来の儒教徒は基本的に自力救済ゆえ、願掛けに行かない。数年前に孔子の地元の曲阜の孔子廟を訪問したら、観光客が多く、受け入れ側も十分承知で昔の衣装を着て行列ショーを実施したり、観光案内人を大勢用意していた。孔子廟は中国全土に数多くあるが、曲阜の孔子廟のみ訪問者が大勢集まるのだ。孔子廟の近くに孔子の墓があり、周遊バスで訪問したが、誰もいなかった。近くに弟子の子貢の寝泊り用の小屋があり、三年間寝泊りして孔子の墓を守った。また、当方は儒教を宋明儒学として活性化した朱子の墓（福建省）や王陽明の墓（浙江省）を探して訪問したことがあるが、いずれもひっそりとした丘の上にあり、訪問客はなく無人であった。墓は廟（祀る場所）と違い、いずれもひっそりとしている。

④日本から逆輸入　上海復旦大学（上海で文系でナンバーワンの大学）の中国哲学の教授から聞いた話だが、中国では渋沢栄一の本「論語とそろばん」が中国語に翻訳されて読まれているとのこと。内容は「道徳と経済の合一説」で、

孔子

仁義道徳と生産殖利は一体で進むべきとある。当方は中国の本屋や図書館にどんな本があるか調べるが、十年前の中国人は王陽明を誰も知らず、関係する本も本屋に一冊もなかったが、数年前から上海浦東空港の本屋に王陽明を説明した本が置かれ、販売量ベストテンに入るようになった。その本を買って前書きを読むと、日本は陽明学で成功した、われわれも見習って勉強すべきと書いてあった。最近はこの本屋に王陽明の本が増加し三種類も置いてある。これらはまさに日本からの明代儒教の逆輸入だ。

⑤日本人は日本教教徒？　または儒教徒？　日本人は無宗教でなく、本人は自覚していないが、山本七平氏いわく日本教教徒だ。キリスト教の日本人は、彼の定義では、日本教徒のキリスト宗派となる。私の尊敬するキリスト教徒の曽野綾子氏の著作「老いの才覚」の内容は、神様に頼ることない徹底した自力主義の思想と、社会に貢献する内容で、完全に朱子学そのものである。当方の分類では彼女は儒教の理想の「聖人」である。中国人の場合も本人が意識していないが、儒教徒であるのと同じ。日本や中国の仏教は私の理解では中身は儒教ゆえ、本人は仏教信者と思っていても、当方の分類方法では、儒教徒の仏教宗派となる。以上儒教徒は本人が儒教徒と気づいていないのが特徴である。論語や朱子の本を読まなくても、日本や中国では与えられた環境で育てば、自然に儒教徒になってしまうのだ。

孔子の人生

孔子の母親は原儒で葬送儀礼屋であるが、母親は孔子の父親の正妻ではない。彼が子供の時に教育したのは母親の父で、彼の祖父である。祖父のおかげ勉強の仕方を覚えることができた。古典をたくさん読み実力がついたが、希望の仕事（閣僚）にありついたのは非常に短い期間（約五年間）で、その後の彼の人生はほとんど失業で、就職活動の旅行（約十二年間）ばかりしていたので、妻や子供とのつながりが少ない。一方一緒にいた弟子との関係が深く、立派な弟子が育った。論語も弟子が書いたものだ。弟子が大勢集ったのは現代風に言えば就活準備塾だ。そして立派に育ち、彼らは就職に成功している。孔子が短期間しか就業できなかったのは、当方の推定では、彼の思想は理想主義で自分の意見に合わないのは拒絶する性格で妥協がなく、当時の現実の政治に向いていなかったのだ。優秀な弟子達はそれを承知していた。ただし、孔子の説を一〇〇％信じ、孔子が一番愛した弟子の顔回は一生就職できなかった。なお、孔子の思想が完成したのは、朱子が哲学として整理したからだ。

❸仏教（実は中国仏教の中身は儒教で、中国仏教は儒教の一宗派）

①中国仏教の実態　インドから導入した仏教は、六朝時代に爆発的に流行した。本来釈迦の教えは「インドの基本思想の輪廻からの解脱こそが救いというもの」であったが、中国では全く逆に、儒教式に「三世報応を説く教え」と変えてしまった。現在中国に残っているのは禅宗と浄土宗である。中国人は元来難しい理論が嫌いで、原理が簡単で、簡単に救われるこの二つの仏教宗派が残った。基本的に現代の中国式禅宗は簡単に悟る（中国人の道生が発明した「頓悟」）ことができ、浄土宗は念仏を唱えるだけで極楽浄土に行けるという簡易版で無学庶民向けに普及した。そして中国では、明・清

代以降禅宗と浄土宗と融合し念仏禅ができてしまった。

以上中国仏教はいわゆる大乗仏教が元となっており、釈迦が亡くなって五百年以後の大幅に内容が変化した仏教ゆえ、釈迦の教えを守った上座仏教（小乗仏教…小さい乗りものという悪い意味）と内容がかなり違う。

②中国仏教寺院はデパート　現代中国の寺院はリッチで非常に豪華で大きな建物が多い。そしてデパートのようにあらゆる種類のお願いを受け付けるメニューがそろっている。上海の私のアパートの近くの雲翔寺に下記のようなメニューの説明が書いてあった。

観音菩薩…お願いを何でも聞いてくれる。「音」は「庶民の要求」の意味。「観」は「聞く」の意味。

薬師如来…健康をお願いする。「薬」は文字通り「くすり」の意味。

阿弥陀仏…死後の往生。　**文殊菩薩**…「智の向上」をお願いする。かしこくなりたい。

普賢菩薩…容姿がよくなる。衣食住満足。　**地蔵菩薩**…災いを無くす。福を増す。

なお、仏教寺院にはメニューを完璧にするため、通常仏教と関係ない関亭（商売の神様）があることがある。

中国では、どこの仏教寺院にも、訪問者用に無料配布のお経や本が置いてある。それらの本を持ち帰って読んでみると、内容は論語の引用だったり、孝経（儒教の経典）の引用だったりで、中身は儒教であることが多い。日本の寺院に比べると大衆を救おうとするモラールは、中国寺院の方が圧倒的に高いことがわかる。

また中国独特の面白い習慣がある。寺の前で、鳩などの鳥を訪問者に売る商売がある。訪問者は鳥をお金を払って買い、その場で、その鳥を解放して逃がす。鳥を救ったことによって見返りを得るというご利益の期待だ。また、蘇州の大湖の近くの寺では、生きた魚を買いとり、そこでそのまま湖に魚を逃がしているのを見たことがある。

当方は仏教の寺を訪問すると、仏像の種類と僧侶が使用しているお経の種類を確認したり（金剛般若波羅蜜経が多い：禅宗）、僧侶に話しかけたりしている。中国の寺は豪華な作りで、仏像は非常に大きく黄金のメッキがしてありピカピカ光っている。一方、日本の寺の仏像はメッキが剥げ落ち、ほこりだらけなのとは大違い。東京の浄土宗の本山で係の人になぜほこりを払わないのか聞いたら、年末に一度だけやるという返事だった。日本の僧侶は仏像に対する敬意がないとわかる。日本で出版の仏像の本でも、掲載されている仏像の写真もホコリがついたままの仏像が掲載されている。

中国には、新しく大きな黄金の仏像が非常に沢山あちこちにあるので、推定だが、専門の製造会社があると思う。ひょっとしたら汎用品で、全く同じ鋳造の型を使用しているかもしれない。製造コストは安価？　一度製造工場を見てみたい。

五百羅漢がある場合があるが、本当に五百体もあるかと疑うが、中国では羅漢に番号がついているので、間違いなく五百あることが確認できる。五百体設置するにはすごいスペースが必要だ。日本では五百あるかどうかな？確認していない。

③日本の仏教　日本の飛鳥・奈良時代は仏教を政治に利用し（当時最先端の外来文化で蘇我氏が導

入）、仏教も政治を利用して立派な寺院をいっぱい建立した。あまりにも仏教寺院の権力が強くなり、それから逃げるため、当時の政府は平城京（奈良）から平安京（京都）に逃げた。日本仏教も鎌倉以前は、中国の昔と同様「自力と苦行」であったが、法然以後「他力と易行」が主流になってしまった。当時の教育レベルの低い庶民に適していて、普及することができた。しかし現代は衰え、日本の寺は全国に七・七万あるうち二万は無住職。現代中国の仏教は庶民のものだが、はたして現代日本は？

中国の仏教は庶民の願い全てかなえられるメニューを用意している。日本の仏教も本来の目的は救いであるが、一般庶民は葬式しかあてにしてない。当方日本での葬儀の食事のとき、僧侶とお経の中身を議論したが何も答えられなかった。また、葬儀でお経をあげるとき、発音が呉音（昔の呉の国の発音）ゆえ、日本語の読みと違うので聞き取れない。葬儀の読経中にお経の内容を理解したいゆえお経を貸してくれと依頼するが、お経を聞く人のためには用意できていない。中国や韓国の寺では信徒は皆一緒にお経を読む。日本の庶民はお経の内容に興味がないということだ。また中国の信者は標準語でなく、地元弁で発音してお経を読み、内容を自分のものとしていることを信者に確認した。韓国ではお経の漢文に振り仮名に相当するハングルが記入してあるので漢字が読めなくてもよい。日本ではお経を聞き取れず、お経を配布せず、理解のできないオマジナイだ。そして、現在中国では冠婚葬祭は無宗教（実は儒教）が一般的で、日本のように葬式を収入源としていない。

日本の庶民は、神社にお参りするが、仏教寺院にお参りには行かない。中国の寺の前には、参拝者のためにお線香を売る店があり、賽銭箱もあるが、通常日本の寺には線香はないし賽銭箱もない場合が多い。東京の寺では、四月に桜が綺麗で大勢のお客が集まり、写真を撮っているが、誰も本殿を参拝しなかった。本殿は戸が閉まり仏像が見えないので、参拝する気にはならない。日本の寺は葬式の商売と、墓を所有して、その管理を収入源としている。ある雑誌（月刊誌「Hanada」二〇一六年十月号）には、寺の収入の八〇％は葬儀だと記述してあった。江戸時代の檀家制度に類似したものがいまだに残っている。

なお、日本の神仏混合の寺院にはお参りの客があり、もちろん賽銭箱があり、多くの参拝客がある。例として成田山新勝寺では、私の自宅の近くの電車の駅に宣伝のポスターが貼ってあり、お客集めをしている。

日本の古い大きな寺は、仏像や寺は信仰の対象でなく、芸術鑑賞の対象で、仏像は補修をしないで、塗装や金メッキは剥げ放題。また、そして小さな仏像がほとんどだ。一方、中国では建物や仏像は豪華で大きく、金ぴかな仏像である。日本仏教は形骸化し、宗教でなくなりつつあるのを強く感じる。また、韓国の寺で、僧侶に日本は他力本願とバカにされたことがある。

日本の寺院の悪口をいっぱい書いてしまったが、二〇一六年十一月にＴＶで、薬師寺の大谷という僧侶が大学で、「自分は葬儀をしない、檀家や墓もない、仏教で人を救う」と講義しているのを見た。日本にもまともな僧侶がいる。

逆に言えば、教養がある現代日本人は、他力仏教に頼らなくても生きていく実力（自力）がついたのだろう。いや、日本教教徒は基本的には儒教ゆえ、教養のある日本人は元来自力なのだ。

④尼寺　武漢の浄土宗の寺の中を散歩していたら、集団でお経をあげていたので覗いて見たら、尼さんに腕をつかまれお経を渡され、皆と一緒にお経を読もうと誘われ、腕をつかまれたまま一緒にお経を読んだ。上品な尼さんに十分間ほどつかまれた状態で非常に幸せになれた。別れ際に、彼女のお経

をお土産にくれた。写真を撮らせてくれとカメラを向けたが拒否された。残念！　南無阿弥陀仏！

⑤上坐部仏教（原始仏教）　中国には釈迦没後、五百年以上経った原始仏教からかなり変化した大乗仏教が導入された。当方たまたま、原始仏教を日本で普及させているアルボムッレ・スマナサーラ師（スリランカ人）の講演（二〇一六年十二月十七日）を聞き、また彼の著作「般若心経は間違い？」という本も読んだ。講演の内容は非常に哲学的で、「自分を客観視する。中道。人格向上を目指す。思いやり等他人との関係改善。感情の制御。共生」などで、朱子学とまったく同じであった。また、「嫌いな相手を愛す」はキリストと同じ。著作「般若心経は間違い？」の内容は、般若心経を書いた人物は無知で、内容の間違いを指摘し、原始仏教の正しさを論理的に証明している。

つまり、われわれ一般的な東洋人は原始仏教を知らないので、釈迦の本当の教えを知らないというのが事実らしい。釈迦は基本的に自力であって、他力ではないし、秘密の教えでもない。大乗仏教しか知らない江戸時代の熊沢蕃山は、「地獄極楽を信じさせる釈迦はうそつき」とまで言っている。朱子が孔子や孟子の儒教を整理して宋学という哲学にしたが、原始仏教においても、朱子のように整理して哲学にして欲しい。

釈迦の脱出（出家）理由

釈迦は釈迦国の王子として生まれて、孔子やキリストのようにまともな父親がいない環境ではなく、まともな家庭で育ったのに、なぜ家族を捨てて逃げたのか？　当方の推定では、釈迦が大人になったとき、隣の大国（マガダ国）がいつ攻めてくるかの恐怖心で、逃げ出したのだと思う。脱出（出家）

時期は釈迦が二九歳で、息子は一二歳ぐらい。二九歳になれば、王子としてなすべき社会環境（隣国との関係）がよくわかった。その自分の職場と家族放棄の無責任さの罪悪感を解決するのに苦労した結果が、精神的苦痛からの脱出という悟り（六年間かかっている）につながったと推定する。

最古の仏典「スッタニパータ」には釈迦の出家の理由はこう書いてある「この在家の生活は狭苦しく、煩わしくて……」。王子の家庭環境は狭苦しいはずはない、日本語の翻訳が不適切で、この文章の意味はマガダ国の恐怖がストレスになっていると解釈したい。その後、釈迦の予想通り、釈迦国はマガダ国に滅ぼされている。

つまり、人並み外れた罪悪感という精神的苦痛が偉大な宗教家を作ったということだ。

❹道教（一番人気のある一般庶民の宗教）

①**道教とは**　道家は老荘思想で無神論の哲学である。道教は道家と混同しやすいが、多くの人格神の存在を信じる宗教である。老子は無為自然のままに生きようとするもので、生命を大切にして結果として、長生を得ることにつながるという立場。一方、長生不死を目的とする神仙術の立場の道教は、儒教の孔子や仏教の釈迦に相当する教祖が必要で、老子を教祖としてしまったが、老子は無神論者で宗教とはまったく関係ない。道教はもともとは中国古来のシャーマニズム的呪術的自然宗教で、大衆（学問などしない民衆）のためのもの。多種多彩で、どの範囲を道教と定義するのか難しい。なお、

道教では道教寺院を「観」という。僧侶を「道士」と呼ぶ。

二十世紀に入ると道教が拠点とする道観が二つの形態に分かれた。正一教の小規模な子孫派（小道院）となり、住持がおり弟子から後継者を選ぶ形式を持った。全真教は大規模な十方派（十方叢林）という道観を持ち、各地の道士を集め修行を積む場となった。道士の仕事は、中国で訪問者が一番多いのは道観（道教寺院）である。道士の仕事は、㈠「邪気」を払うことにより気を正しく調整する。㈡病気の治療。㈢風水をみる。㈣法事（葬式、盂蘭盆、冬至、清明節）をする。㈤個人の相談相手。多数に対するいわゆる説教はしない。

（注）㈣の法事は元来儒家の仕事。

道士の像

無為自然の道教同様、日本の神道は元来「自然との共生」である。比較のために日本の神社のメニューを下記に紹介する。この神社は当方の日本の自宅（千葉県）の隣にありそのパンフレットには下記が記載されている。

名称…菊田神社　　ご鎮座…千二百年　　御神徳…縁結び、厄難除、安産、商売繁盛

社頭でのご祈祷…初宮詣、初節句、七五三詣、厄除・星祭、成人式、結婚式、安産祈願、病除・病気平癒、年寿、交通安全、合格・必勝祈願、商売繁盛、家内安全

出張祭典…地鎮祭・起工式、竣工式・落成式、家堅祭、年祭（祖霊祭）、新居清祓・事務所清祓、神葬祭（神道式葬祭）

ほとんどのメニューが揃っている。

以上、日本の神社は中国仏教寺院や道教観と同様、庶民のデパートだ。

②道観（道教の寺）

蘇州の大きな道教寺院の玄妙観を紹介する。

玄妙観…筆者は十三年前、蘇州に二年間住んでいたので、何度もこの観を訪問しているが、この記事を書くために、ノートを持って改めて訪問した。

中央に三清殿がある。ここには道教の最高神格の三清人が祀られている。大上老君（老子のこと）、元始天尊、霊宝天尊の三人。隣の文昌殿には、孔子・朱子・文昌の三人がいた。寿星殿には、南極長生帝・福星天徳星君・禄星天祐星君の福禄寿三星がいた。ほかにも関亭や観音や十二天将、弁財天など、儒教も仏教もごちゃ混ぜだ。要はここも一般の仏教の寺と同様に、庶民に対してすべてのメニューを揃えている。

玄妙観は西暦二七六年に創建された、非常に古く大きな観で、観の前に大きな商店街が発達し、観前街と呼んでいる。食事や買い物、旅館があって、観光客や庶民でいつも賑わっている。浅草の寺の前の門前町と同じ。

❺キリスト教（外人の多い上海の教会を紹介）

上海で当方が省エネ指導をしている三十代後半の美人の中小企業の社長さんはクリスチャンであった。筆者はたまに彼女に宋学（朱子学）を講義することがあるが、一方彼女は筆者を教会に誘うことがある。面白いので、ある日曜日に上海の日曜教会に参加した。宣教師は米国人で、英語で説教する。説教の内容は六〇％ぐらいしか聞き取れなかったが、とにかく「Love」という言葉が非常に多い。キリストは差別のない「愛」とのこと。参加者は約五〇％が現地の上海人で、残りは上海在住の米国人、フィリピン人であるとのこと。筆者以外は英語で会話できる信者で、賛美歌もすべて英語だが、英語字幕が出るので当方でも歌の内容は理解できた。賛美歌の合唱は皆楽しそうで幸せに見える。集まっている信者は女性の比率が多かった。

蘇州市内の商店街の中の小さな教会で説教をしているのを見たことがある。なお、孫文や蒋介石はキリスト教徒である。

愛に餓えたキリスト

昔、知り合いに誘われて、日本の日曜教会に行ったことがある。聖書を一緒に読んだら、マリアは旦那のヨセフ以外の子（キリスト）を妊娠したという文章だった。あとで、宣教師にキリストは不倫の子かと聞いた。宣教師は笑って答えなかった。小説家の曽野綾子さんははっきりと不倫の子と言っている。思うに、ヨセフは自分の子でないキリストに冷たく当たったのだろう。その結果、極端に愛に餓えたキリストが育ち、「汝の敵を愛せ」というキリスト教が誕生し、キリスト教の中身は「愛」だらけになったのだろう。西洋の絵画にヨセフが載っていることがたまにあるが、威厳がなく、小さく描かれている。一方、ヨセフの愛がないキリストに対して、マリアは大きな愛で育てたのだろう。それゆえ、大きく美しく描かれている。マリア信仰まである。つまり、人並み外れた愛欠乏症が偉大な宗教家を生むということだ。

❻関帝廟（関羽は珍しく最後まで約束を守ったので、商売の神様になった）

関帝廟は大人気で、あちこちにある。極端に言えばすべての村にあるという感じだ。仏教寺院の中や、道教寺院の中にもある。三国志で有名な関羽を祀った廟で、関羽は中国人では珍しく（？）最後まで約束を守ったので商売の神様になってしまった。商売では約束を守ること、つまり信頼・信用が非常に重要であることを示している。関羽は真っ赤な顔して、髭をはやし、長刀を持ってこちらを睨み付けている。

当方が二〇一四年に住んでいた上海の田舎（川沙）の社宅の近くにも関帝廟があった。畑や古い農家の中にあり、散歩

関羽の像

には最適であった。中央の殿には関羽がいて、隣の小屋には仏教の地蔵や観音がいた。関羽の像の前で、オバちゃん達が座り込んで紙を折っている。この廟のために仕事して、信仰心を表していると推定する。道には放し飼いの鶏やアヒルが歩いていて、のどかな散歩ができる。横浜の中華街にも関帝廟があり、訪問した記憶があるが随分立派な廟であった。横浜に住んでいる中国人にとっても大事な商売の神様だ。

❼土地爺（日本の田舎の地蔵さんに相当）

蘇州のメーカーの社長（福建省出身）に、昼食時に信仰について聞いたら、毎週「土地爺」をお参りしているとのこと。隣に座っていた技術部長が土地爺の顔の絵を描いてくれた。通常は仏教、道教の寺は非常に大きく立派だが、土地爺は地元の小さなもので、日本の地蔵さんやお稲荷さんに相当する地方版だ。筆者は実物をまだ見ていない。

❽葬式（中国人に実態を確認。日本と異なり仏教徒以外は仏式でない）

孔子以前の儒者を原儒として区別しているが、元来儒者は死者を取り扱う宗教者である。鬼とは死者のことで、儒者の思想では、人は死ぬと鬼になり、魂（精神）と魄（肉体）が分離して、魂は天へ、魄は地中へ移動する。なお、鬼の文字の田の部分は頭蓋骨を示しており、下の部分は足を示している。魂の文字の云は雲、魄の白は白骨を意味する。儒者は魂を呼び、魄に戻す儀式を行う。日本でも六十年ぐらい前の話だが、愛知県清洲（清須）には、そうしたシャーマンがいて、法事のとき、死者の魂を呼んで、死者になりきり、死者と同じ言葉をしゃべるという話を聞いたことがある。

葬式は通常一番宗教的な儀式ゆえ、現地中国人の調査を実施した。その結果は、庶民は宗教的な意識がほとんどないことはわかった。現地中国人の調査結果は下記の通りである。対象は(a)、(b)の二人の中年の中国人。

①葬式の主催者

(a)死者の肉親であれば誰でも。

(b)死者が両親の場合は長男、夫婦の場合は配偶者。

②葬式の請負人の有無

(a)、(b)有り。泣く役の代行あり、非常にうまい泣き方で、一生懸命すぎておかしくなることもある。

当方、インターネットで調べたら、実演のビデオがあった。泣きながら暴れまわっていた。

③墓の維持管理者

(a)国の民政局。　(b)村では個人の墓は親戚や友人、都市は公衆の墓で管理会社がある。

当方は上海の公衆の墓を見学したが、夫婦で同じ墓に埋葬される。家族の墓ではない。

④喪の習慣
(a)火葬が終わればすべて終わりの場合や、四十九日など七の倍数の日に行事の場合もある。
(b)初七日、四十九日、百か日、周年、三年間の喪、清明節、旧暦七月十五日（鬼節）。
当方の知る範囲で解説すると、七の倍数の日は大乗仏教の習慣（釈迦とは関係ない、インドの習慣）。三年間の喪、清明節、旧暦七月一五日（鬼節）は儒教と推定。

⑤墓参りの習慣
(a)清明節に実施。しかしまったくしない人もいる。毛沢東時代に減った。
(b)清明節、春節の実施が多い。
当方のコメント、清明節は四月上旬で最近は休日になり、道路混雑で渋滞になる。日本のお盆に相当する。

⑥原儒の存在　(a)知らない。(b)知っている。

⑦葬儀の宗教　(a)無宗教。(b)主に儒教、仏教の信者なら仏教のこともある。
当方の推定では(a)無宗教の回答は儒教を知らない可能性がある。

⑧香典の有無　(a)有り。相場はまちまち。(b)有り。

⑨香典返し　(a)有り。実物（タオル、石鹸、タバコ）もあり。(b)有り。

⑩葬式の衣服　(a)肉親は式用衣服。ほかは地味な衣服。(b)同上。

⑪葬式の実施場所　(a)田舎では自宅。都市は火葬場のホール。(b)同上。

⑫その他の習慣　(a)毛沢東の時代、古い習慣は消滅。
(b)中国は紅白喜事という言葉がある。紅は結婚式、白は葬儀。年寄りの葬儀はう

れしいこととして扱っている。

以上、日本と違い、中国仏教は葬式や墓の管理の収入を当てにしていないことがわかる。また、調査不足で申し訳ないが、どうも葬式を商売としていた原儒もかなり減ったようだ。

❾庶民の宗教感覚、宗教の役割（各宗教の役割を日本と比較）

以上、中国では、仏教も道教も庶民を救う意欲が非常に強い庶民の宗教である。一方、儒教は庶民を救うより、庶民の生活規範や道徳である。したがって儒教を宗教と思っていないし、庶民も自分を儒教信者と思っていない。

各宗教の役割の整理　各宗教の役割について筆者の認識を以下に示す。

ちなみに、ＮＨＫの調査報告「日本人の意識・四十年の軌跡（二）」二〇一四年八月版によると、二〇一三年の「日本人の宗教的行動」のアンケート結果は下記の通りである。

墓参り……七二％（四十年前……六二％）　**お守り・おふだ**……三五％　**祈願**……二九％

おみくじ・占い……二五％　**お祈り**……一二％

過去四十年間を見てみると、墓参りは増加している。

そして、加地伸行先生の説（『儒教徒は何か』中公新書、二二四〜二二五頁）によると、墓参りは本来儒教であるという。つまり、家庭における精神的なつながりを各家庭において持っていること、それは家庭という空間を安定させるとともに、過去（祖先）から未来（子孫）にかけての時間という儒教風の永遠を求める意識を養っているのである。

以上のように、墓参りを真面目にする日本人も本人が知らなくても真面目な儒教徒のようだ。

あとがき

中国の宗教で共通するのは、欧米（キリスト教）や中東（イスラム教）の一神教と異なり、排他的でないこと。むしろ、仏教も道教も互いに混合して仲が良い、排他的でないゆえ、宗教が原因で宗教戦争やテロが発生しないことだ。つまり共生思想で、中国だけでなく、日本を含む東洋の誇るべき伝統文化だ。

なぜそうなったか。筆者の考えでは、西洋や中

中国での役割		日本での主な役割	
儒教	道徳（孝・仁） 生活規範	儒教	道徳
仏教	悩み・お願い	仏教	葬式・墓管理
道教	健康・豊かさ・長寿	弁天 （弁財天）	お金・商売
関帝	商売成功		
孔子廟	受験成功	天満宮	受験成功
土地爺	平安な生活	神社	結婚式・平安な生活・祈祷 （七五三・初詣・成人式）
キリスト教	恩寵（神の恵み） 救い、仲間との交流	キリスト教	結婚式、救い

東より、東洋は自然環境が豊かで（おもに水が豊富）、農業が発達し、生活に余裕があり、他の民族や部落を襲って略奪する必要がなかったからと思う。そして、東洋ではキリストのように「愛」を必死に説く必要がなかった。人への思いやり「仁」で十分で、共生ができたのだ。

個人的には、一神教のテロリストをなくすには、政治家の努力では限界があり、教主の仕事と思う。テロリストはテロが成功すれば、天国へ行けると思っているから、たとえば、教主がテロで殺人した教徒は天国へ行けないと宣言すればよい。また、宗派ごとの宗派責任者が和解や共生の協議をすべきだ。なぜローマ法王はイスラム教主と協議しないのか。なぜ宗教の国際会議をしないのか。提案だが、第三者の立場の仏教の教主が主催してもよい。第三者の方が調整しやすいと思う。

参考までに、中国文化には直接関係ないのだが、先日観たＮＨＫの放送によると、森に棲むフィンランド人は、森の木に精霊が宿るとし、自分の名前や生年月日を自分の選んだ樹木に彫り、お参りしている。この樹木は中国や日本の墓に相当し、彼らは自分が死ぬ前から自分の霊魂が入る場所を用意している。

第六章　中国文化国家（中国・韓国・日本）の「法」と「情」の実態

❶「法」と「情」の定義

中国でビジネスをする場合、地方政府とのやり取りが大変な手間で、法を軽視した地元政府の強い裁量権が大きな問題となる。大変重要なテーマゆえ、中国文化の歴史を含めての分析が必要で、かなりの手間を必要とする。今回二十冊近くの中国文化関係の本や過去のノートを読み直し、頭を整理して完成した。また東洋大学の中国哲学の先生にアドバイスを受けた。

中国、韓国、日本は伝統的に「法」より、「情」を優先する儒教文化であるが、その儒教の意味の範囲も広い。整理しながら説明したい。

まず、言葉の定義を記述する。

「法」	辞書（大辞泉）	社会秩序を維持するために、その社会の構成員の基準として存立している規範の体系。
	滋賀秀三著の本	情理を明確化し、これに強制力を付与するもの。
「理」	辞書（大辞泉）	論理的な筋道。中国宋代の哲学では宇宙の根本原理。
	筆者の理解	個々人が体得し得る「定理」。
「情」	辞書（大辞泉）	物に感じて動く心の働き。感情。なさけ、人情。事情。
	筆者の理解	柔軟性、臨機応変さ、性善説による人間理解が前提。

以上、上記の内容をまとめると、個人の判断基準は「理」とか「情」であるが、それを一般化しルール化したものが「法」である。

中国の「法」の歴史

春秋戦国時代、孔子や孟子は力（武力）による政治を否定し、道徳国家を主張したが、とくに孟子は民衆のための政治を強調した。しかし、それは人口の少ない小さな村でしか成立する可能性がなく、当時は現実離れしているとみなされて為政者には採用されなかった。一方、韓非子は現実路線で「法」が「道徳」に対して絶対的な優越性をもつことを強調した。この思想は春秋戦国時代の五百年以上の分裂状態を終わらせた秦の始皇帝に採用された。韓非子の思想を法家思想という。

❷中国の「情」について
（実際の裁判では「法」より「情」を優先。習近平は「法治国家」を宣言）

朱子は儒教を思想として整理し、思想哲学および政治哲学として完成させたのだ。彼は、人間の心を不完全なものとみなし、それを理（性）と気（情・欲）の二つに分け、不完全な気を理に近づける工夫・努力をしろと提案している。朱子学は情を管理する思想といえる。これを「理学」と呼んでいる。一方、王陽明は人間の心を理と気に二分しないで、一体のものとして、理（心）はすでに完全で、改善は不要としている。

元代以後、国家公務員になるための科挙の試験では、朱子学が基本ゆえ、気つまり「情」を管理する思想に基づいているはずの官僚が気「情」による裁量はしていないはずと推測したが、実態は違っていた。その実情は滋賀秀三「清代訴訟制度における民事的法源の概括的検討」（『東洋史研究』四〇巻、一九八一年）に詳しく書かれており、内容を抜粋すると、「清代の裁判の表れる理の字に、朱子の理気論の哲学的臭みは全く感じられない。裁判の判決に法が記載され根拠になっている例は非常に少ない。判決するのに、根拠なる法そのものが存在しない可能性がある。元来国家の法律は情理を部分的に実定化したもの。情理一般の働きに手がかりを与える性格を持つ。人情こそすべてに冠たるおきてであったとさえ見られるふしがある」以上のように、清代の政治は朱子学が基本だったはずだが、実際の裁判では法より情が優先されたのであった。

なお、筆者は「情」を悪いものとして分類しているのではなく、権力者が裁量を下すときに、「法」より「情」を優先して、公正を欠き、利権や腐敗につながる可能性があることを指摘している。

儒教とは？

儒教という概念は範囲が広く、日本文化や東洋文化に詳しいケント・ギルバート氏の「儒教に支配された中国人と韓国人の悲劇」を読むと、筆者は内容にはほぼ同意し、共感するのだが、中国人と韓国人の悪い文化を儒教のせいにしてしまうのは同意できない。

彼の説では、中華思想の中国中心の覇権主義や傍若無人の国民性が儒教によるとしている。また孔子が父親の泥棒行為を子は隠蔽すべきだとしていた例を挙げている。覇権主義が儒教という根拠は誤解と思われる。一方、「父親の泥棒を隠す」のは論語で有名な話である。当時は法より孝のほうを優先した時代だったのであろう。論語にはこうしたテーマもあるが、日本人にとって、誰が読んでも、ほとんどの内容が日常の当たり前のことしか書いてないというのが率直な感想だと思う。中国哲学の森三樹三郎氏も孔子の教えはすべて常識の教えだと言っている。孔子がいた混乱の時代の社会道徳は、親に対しての「孝」を優先することも当然ありえたと思う。現代中国人の道徳も、実は「孝」が優先順位第一位という報告は第二章に掲載したように、確かに「孝」は儒教の重要項目だ。しかし、儒教の内容は時代とともに変化し、儒教の重要経典の孝経には、「義（人として守るべき正しい道）に当たりては、子、父に争はざるべからず。」と論語の父親の泥棒隠蔽思想を否定し、時代と共に現実性のあるあり方に変わってくる（加地伸行『論語を読む』）。

儒教は一般的に「脩己治人」で、己自身を修める道徳説と、人を治める民衆統治の政治説を兼ねている。要するに道徳と政治を中心とする思想である（金谷治『大学・中庸』）。孔子や孟子が何度も述べているのは、為政者は人民のための政治をすべきという内容だ。

清朝の初期（十七〜十八世紀末）の満州人の初期の皇帝（康熙帝、雍正帝、乾隆帝）の百二十年間は政治哲学として整理された朱子学を忠実に実行して、当初、清国を平和で安定した世界最大の経済大国（当時世界のＧＤＰの三分の一と言われている）にして、国民を豊かにすることに大成功した。そして人口も約一億人だったのが、三億人にまで増加した。

康熙帝は学問に精進して、朱子学を好み、自己の修養をつんで、儒教の説く理想的な聖天子になろうとした。一生政務に精励し、経費を節約し満漢モンゴル三族を差別せず、善政に努力した（神田信夫『図説中国の歴史8　清帝国の盛衰』より引用）。

当時、宋学（主に朱子学）は、世界的にいかにレベルが高いものであったかを示す例として、欧州から来た宣教師（十六〜十八世紀）に翻訳され、欧州の啓蒙思想家に大きな影響を与えた。彼らに従来のキリスト教価値観から、人間に普遍的理性の視点で、理性尊重の思想を考えるきっかけを与えた。ドイツのライプニッツやフランスのヴォルテール、フランスのケネーなどに影響を与えたとされている。詳しくは井川義次教授の大作『宋学の西遷　近代啓蒙の道』にあり、ドイツ啓蒙のリーダーだったヴォルフの理想に照応し、啓蒙理性時代の知識人に広く感染流行し、近代啓蒙のプロトタイプとなったと述べている。なお、筆者は数年前、東洋大学で井川先生の特別集中講義を受講した。当時このテーマ（宋学がドイツ哲学に影響を与えたこと）そのものにびっくりしたものだ。

現実の中国の政治

現代中国でも、法は軽視され、政府の役人の裁量で決定されている。その裁量はまさに情である可能性が非常に高い。これが利権や腐敗につながるのが実態で、庶民の不満が大きい。

北宋時代の包公（九九九〜一〇六二年）裁判はまさに情によるもので、中国では現代も京劇で大人気だ。江戸時代の大岡裁判（一六七七〜一七五二年）の内容は包公裁判のパクリだという説まである。いずれも法より、裁量権（情）を優先したストーリーだ。

現政権の対応

習近平は現状の法より情を優先の体制を改善する必要ありと十分認識しており、二〇一四年十月の四中全会で「依法治国（法によって国を治める）」を謳って、「社会主義法治国家を建設する」ことを宣言した。決定文の中には、裁判所や検察院に圧力をかけたり、干渉したりすると、党で処分するとある。行政府に対しては、法に基づく行政を強調し、「法に基づかず国民・企業の権利を制限したり義務を加重したりしてはならない」としている。国民に対しては、法律を守り法治を大切にする意識の強化を説く（津上俊哉『巨竜の苦闘　中国、GDP一位の幻想』より引用）。

情による裁判を防ぐため、上海の役人の罪は、上海の裁判所では裁判しないで、ほかの地方で裁判して、上海の役人の人脈（情）による判定を防止している。

しかし二〇一七年の庶民レベルの情報では、まだ上記の処分が具体的に実施された報道は聞いていないとのことだ。この長い伝統のある文化を簡単には改善できない。

❸韓国の「情」について（朴槿恵元大統領を最高裁判所が「情」で判断）

①韓国の裁判所　二〇一七年三月に、朴槿恵が友人との収賄容疑によって大統領の職を罷免された。ただ、筆者の知るメディア情報では、前大統領の友人の収賄は確かだが、前大統領自身が収賄に関与したという証拠は確認できなかった。ここから察すると、韓国という国は、証拠がなくても裁量によって裁判所が判断を下せる「情（印象）が法に優先する国家」だといえる。

②朱子学の導入　朝鮮の朱子学の歴史について、朱子の曾孫である南宋の重臣の朱潜が、高麗に亡命

して朱子学を朝鮮半島に伝えた。朱子ゆかりの福建省にある朱子の遺跡を訪問したとき、建造物に彫られた名前を確認すると、再建したのは韓国人の朱一族であった。

李氏朝鮮時代、一六世紀両班（官僚）だった李退渓は真面目に朱子学を勉強して実践し、朱子学を朝鮮知識人に定着させた。日本と交流もあり、当時の日本にも影響を与えた。朝鮮の場合、官僚と庶民の知的格差が非常に大きかったので、庶民レベルに朱子学が浸透したかどうかは不明だ。

③現代韓国人の朱子学　筆者が仕事で付き合った韓国人に対する印象では、彼らは皆真面目に勉強し、努力する。サラリーマンが長時間の残業をするところなどを見ると、現代の韓国人はまさに朱子学を実践しているように思える。けれども、儒教の礼（先祖崇拝の儀式など）は非常に煩雑で、韓国人の知人は「これを実践していくのが大変苦痛だ」と話していた。韓国人は現代の中国人よりもかなり真面目な儒教徒である。

ちなみに、韓国人の墓参りは儒教式である。元来、原始仏教には墓参りの習慣がないにもかかわらず、日本人の多くが墓参りするのは儒教の礼（習慣）によるものである（加地伸行説）。

❹日本の「情」について（無法な「忠臣蔵」を忠義として扱う）

①忠臣蔵に見る情　江戸時代、歌舞伎などの演目で『忠臣蔵』が人気を集め、現代ではＮＨＫの大河

ドラマにもなった。事実は、浅野内匠頭が法を犯して殿中で刀を抜き、吉良上野介を襲ったという事件である。その後、浅野の家来の大石内蔵助らが武士として卑怯にも真夜中に吉良宅を襲い、仇討ちをしたというストーリーだ。日本では、こうした無法な行いが忠義として扱われている。江戸幕府は、無法者として大石らに切腹を命じる決断をするのに二カ月を要した。

実は、浅野は藩を潰した愚か者として、地元赤穂では尊敬されていない。一方、吉良は庶民のための政治をし、地元で今でも尊敬され、記念の屋敷も残っている（なお、吉良が浅野をいじめたのは、赤穂の塩を作る技術を教えてくれと依頼したが、拒否されたためだという）。

また、やはり江戸時代の大岡裁判も法より情を優先して庶民に人気がある。また、最近起こった加計学園の騒ぎも、情（印象）だけで、肝心の証拠がない。

②日本の刑法の情　日本には刑法に情を使用する規定がある。これは、情状酌量という。刑法第六十六条は、「犯罪の情状に酌量すべきものがあるときは、その刑を減軽することができる」と規定している。つまり、裁判官の裁量により具体的情状に即して刑を言い渡しうるということだ。したがって、情状酌量を踏まえた判決は、法に則っていることになる。

ただ、犯罪者が素直に罪を認めれば反省していると見なされて情状酌量されるが、無実を主張すると反省していないと考えられ、罪は軽くならない。そもそも、殺人犯でも反省すれば罪が軽くなるとすると、殺された人の人権を無視することにならないか？

日本での儒教の取り入れられ方について、朝鮮は真面目に儒教（主に朱子学）を取り入れたが、日本の場合、儒教でなく、むしろ儒学という学問として取り入れた。いつものように外国文化の導入はいいとこ取りだ。礼教的な部分はあまり取り入れてないし、朝鮮が取り入れた中国の科挙制度も同様である。

③「日本教」の情　最近、神戸製鋼や東芝、日産自動車など日本企業の不正隠蔽問題がニュースになっている。山本七平氏と小室直樹氏の共著『日本教の社会学』（ビジネス社刊）によると、日本企業の場合、論語に記された、子が親の犯罪を隠すだけでなく、社員が会社のために隠す「実情」というものがあり、日本では親と会社との区別がない共同体規範が広く適用されているとのこと。

まとめ

以上のように、日中韓の情が法に優先する文化は、それぞれで違った現れ方をする。日本のメディアは、中韓で起こった情を優先した事件を見下したような報道をするが、実は日本も類似の情文化が残っていることが、筆者の報告でご理解いただけたと思う。日本は民主主義ゆえ、時代に合せて法律を変えることができる。法が現実（実情）に合わなければ、どんどん変えればよい。

一方、中国ではすでに習近平が「法を優先すべき」と気づいて改善を決断している。時間がかかるが待つしかない。中国で業務上、地方政府の法を無視した横暴に出くわしたら、習近平の方針を主張すればよい。

ちなみに、米国の古い友人にこのテーマで質問したら、米国の裁判でも、法の範囲内の情状酌量があるとのことだった。

第七章　中国の大学と学会の実情

❶中国の大学の実態（ランキングや研究費を紹介）

筆者は汎用遠心式空気圧縮機の開発と圧縮空気の省エネに関わる技術者で、日本だけでなく海外の学会に出席したり、セミナーの講師をしたりしている。また技術系の大学と交流し、特別講義もした。晩年は中国哲学を勉強したので、文科系の教授とも交流した。その経験を踏まえ、中国の大学の特徴や現状について報告したい。

訪問した大学

筆者が中国で技術交流した大学を挙げると、上海交通大学、江蘇大学、浙江大学、浙江理工大学、西安交通大学、清華大学、湖南大学、同済大学がある。上海交通大学は駐在地近くの大学ゆえ何度も訪問しているが、そこでなんと日本で面識があった名古屋大学の元学長の平野眞一先生と偶然会ったこともある。彼は当時、名古屋大学を引退後に上海交通大学の特別顧問をされていた。中国哲学に関係が深いのは上海では復旦大学である。

筆者は自分の技術を若者に伝承することが生き甲斐で、学生に特別講義を実施したのは上海交通大学、江蘇大学、浙江大学、浙江理工大学、西安交通大学、同済大学である。なお、日本でもセミナーは数多く実施しているが、大学で講義をしたのは大阪大学と名古屋大学の二校の大学院だけだ。

技術系大学

中国は大学生の六〇％が理系で、文系のほうが多い日本とちょうど比率が逆である。筆者は機械（圧縮機）の開発技術者ゆえ、交流したのはおもに流体関係の教授である。中国で新会社の立ち上げ当初は、優秀な学生をリクルートするのが目的で大学を訪問した。筆者の専門のターボ圧縮機（遠心式）で研究レベルが高いのは、中国では西安交通大学、上海交通大学の二校。この二校はもともとの生まれは同じで、政治的混乱時に上海からその一部が西安に移転したもので、兄弟関係にある。筆者はこの交通大学の出身者から教授を紹介してもらった。

一方、技術レベルナンバーワンの清華大学の圧縮機関係では軸流式ターボが中心である。なお、中国語の「交通」は日本語の交通（traffic）に限定した意味ではなく、「交わり通じる」を意味する。インターネットで調べると、上海交通大学の元学長の張杰の創立一一四年記念の演説に、荘子の〝交通成和而物生焉〟を引用している。筆者が

遠心式ターボ圧縮機のインペラ

訓読すると「交通とは和を成して、物が生じる」。つまり翻訳すると、「交通とは通商して、産業が興きる」の意味で、中国では日本の通産省に相当する省を交通部（省）と呼んでいた。つまり、交通＝通商産業（省）＝通産（省）という解釈ができる。したがって、中国の交通大学は日本語では通産大学とか産業大学に相当し、技術系の大学である。技術系分野の大学では清華大学、西安交通大学、浙江大学、上海交通大学などはレベルが高いとされている。

なお、大学のランキングは**表1**の通り。北京大学には工学部があるが歴史は短く、学会での発表や論文を見た記憶はない。現在は文系が主体の大学。北京には技術系でナンバーワンの清華大学がある。その歴史をインターネットで見ると、清華大学は一九五二年、中国の大学教育体制の調整によって文科系の学部を北京大学に移管。代わりに理科系の学部を北京大学から移管させて理科系に特化した大学となった、と記してある。

表1　大学のランキング

順位	大学名	総得点	人材育成			科学研究		
			得点	大学院生育成	学部生育成	得点	自然科学研究	社会科学研究
1	清華大学	280.15	120.95	85.75	35.20	159.20	140.47	18.74
2	北京大学	224.66	103.92	66.36	37.57	120.74	85.09	35.65
3	浙江大学	219.14	97.13	65.86	31.26	122.01	104.91	17.10
4	上海交通大学	149.73	65.24	45.60	19.65	84.49	77.76	6.73
5	南京大学	140.70	67.68	42.25	25.43	73.02	52.22	20.80

出所：「2009年中国大学ランキング」（中国管理科学研究院科学研究所「中国大学評価」課題ユニット）により作成

❷中国の技術系の大学教授の役割と研究費

（大学の教授は中小企業の社長と同じで、企業から資金を集め、大学院の学生に給与として払う）

中国の大学の教授は、国や企業に積極的にアプローチして研究テーマを探し、テーマ供給者から研究費を確保する。大学院の学生には研究費から十分な生活費が供給される。したがって学費や生活費を確保するためのアルバイトは不要であり、結婚もできる。つまり、大学の教授は中小企業の社長のごとき存在で、顧客から研究という仕事を取り、大学院生に仕事をさせ、給与を払っているのと同じ。工学系大学では当たり前のことだが、直接社会に役立つ研究テーマを選択するから、その成果に対して報酬があるのは当然である。

なお、十年前の大学の研究費のデータは図1のグラフの通り。企業からの資金は三五・八％となっていて、その比率は少しずつ増加していることがわかる。

研究の内容については、図2のグラフを見ると、中国の大学は基礎研究経費より応用研究経費が多く、日本は基礎研究経費が多いことがわかる。つまり、日本の大学は企業との結びつきが少な

図1　大学の科学技術経費の調達ルート割合の推移（1990 ～ 2007 年）

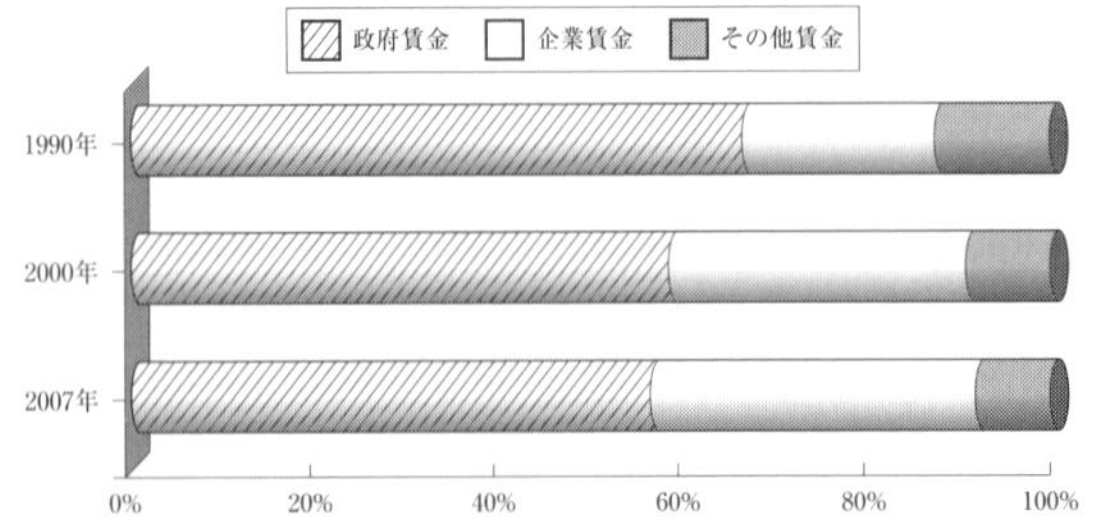

出所：「科技統計報告」（第435期）、科学技術部発展計画司、2008年12月

いのだ。また、中国では大学のベンチャー企業の設立運営が多く、二〇一〇年の統計では五五二の大学で五二七九の企業を所有している。面談した西安交通大学の教授は、ベンチャー企業の役員をしていた。

表2に、二〇〇七年における中国の大学の科学技術経費執行額ランキングの上位五校を示す。

図2　大学の性格別研究開発経費の日中比較

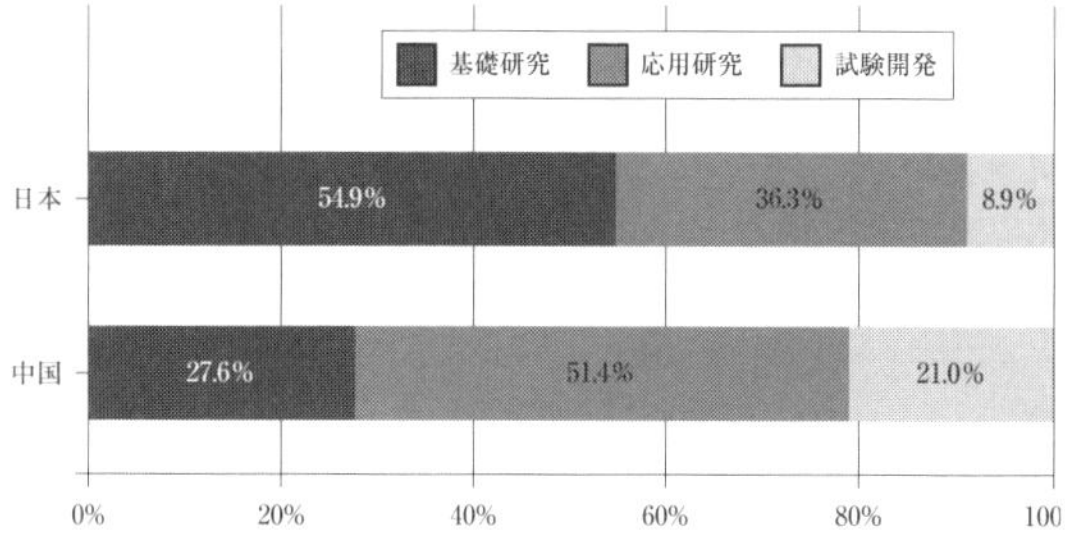

出典：「科学技術要覧（平成21年版）」文部科学省および「中国科技統計年鑑2008」（国家統計局、科学技術部編、中国統計出版社）をもとに作成

表2　大学の科学技術経費執行額ランキング上位5校
（2007年）　（単位：千元）

順位	大学名	執行額	ルート別調達額		
			政府資金	企業資金	その他資金
1	上海交通大学	1,484,881	890,116	246,081	224,112
2	清華大学	1,418,232	1,239,708	611,854	350,722
3	浙江大学	1,198,268	1,065,298	660,790	87,280
4	同済大学	1,100,360	349,247	292,512	24,677
5	四川大学	808,448	307,755	438,317	15,653

出所：「2009年中国大学ランキング」（中国管理科学研究院科学研究所「中国大学評価」課題ユニット）により作成

同済大学と四川大学は企業資金の比率が非常に大きい。浙江大学の企業資金がナンバーワンなのは、浙江省は昔の越の国で商人文化であるため（浙江省は稲刈りの時期に台風が来るため、農業より商業が発達した）、営業力が優れ、企業からの受注力が最高なのだと推測する。

「教育部科学技术司发布的《二〇一六年高等学校科技统计资料汇编》整理了二〇一五」によると、二〇一五年度の大学の科学技術研究費は以下の通り。

（注）「高等学校」は中国語では大学の意味。日本の高等学校は中国語では「高級中学」といい、略して「高中」という。

清華大学	50.8億元
浙江大学	41.2億元
上海交通大学	33.5億元
北京大学	27.2億元
北京航空天大学	26.9億元
同済大学	26.3億元
復旦大学	25.5億元

清華大学の例を見ると、二〇〇七年の一四・二億元から二〇一五年は三・四倍の五〇・八億元（日本円で約八六四億円）に上昇している。

❸中国以外の大学との比較

日本と中国の大学の研究費を比較すると、NISTEP科学技術・学術政策ブックレットVer.1「日本の大学における研究力の現状と課題」によると、二〇一〇年の日本と中国の大学の研究費は下記の通り。

日本　二・二兆円
　　十年間の伸び率＝一・〇五倍
中国　三九一億元（約六、六四七億円＝〇・六六兆円）
　　十年間の伸び率＝四・四倍

以上のように中国の大学の研究規模の伸びが非常に大きい。また、主要国の研究開発費（企業と大学の開発費合計）の総額（購買力平価換算）の推移を**図１**のグラフで見ると、中国だけがこの十年で急激に増加している。グラフからわかるように、中国は年平均二〇％あまりで増加しており、四年で倍増のスピードである。二〇〇九年に日本を抜き世界第二位になり、二〇一三年には三五兆円規模となり、日本のほぼ二倍になった。また、国の負担割合は中国も日本もほぼ同じで約二〇％。

以上のように、中国の経済成長は、大学や企業の研究費の増加が支えになっているのは間違いないと推測する。

図１　主要国の研究開発費の総額の推移

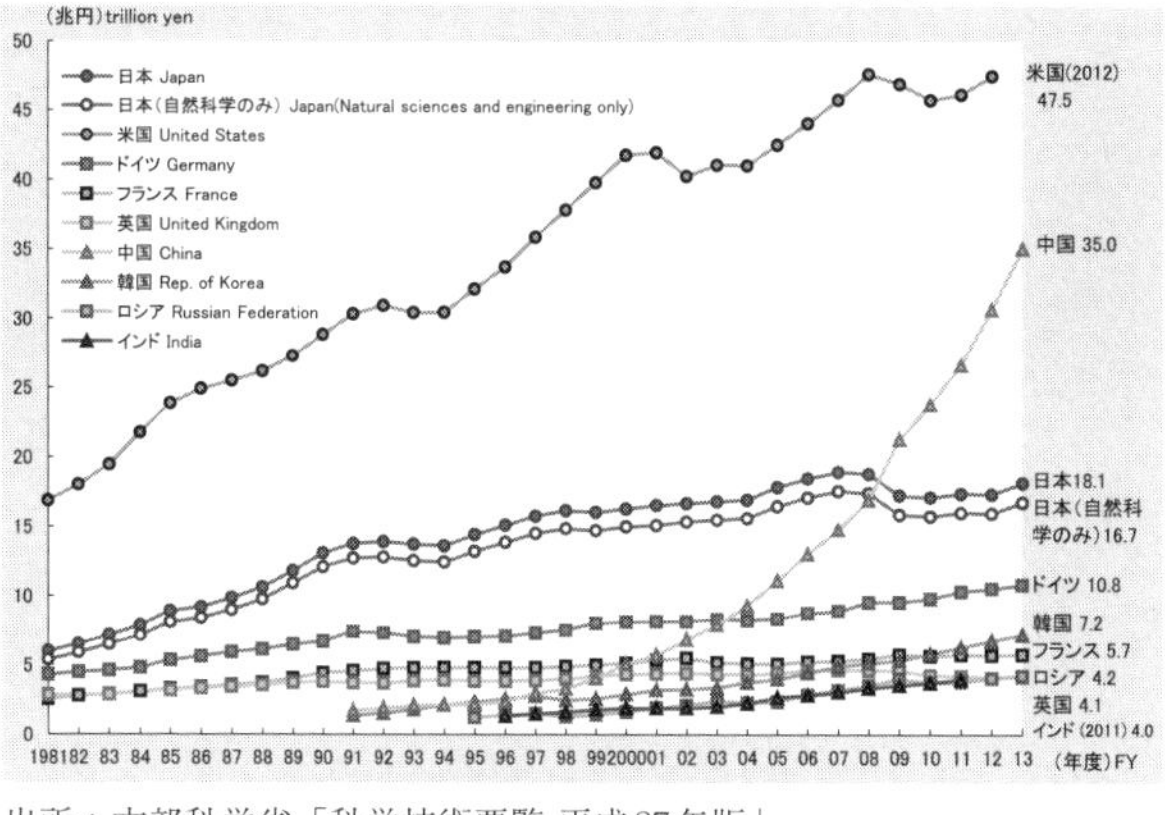

出所：文部科学省「科学技術要覧 平成27年版」
注：各国とも人文・社会科学が含まれている。ただし、韓国は人文・社会科学が含まれていない年がある。

欧米の大学訪問

昔、フィンランドの大学を訪問した際、教授にアポイントを取ろうとしたところ、商社を通すことになった。その商社は大学の前のビルにあって、大学の営業窓口になっていた。会議にも同席し、訪問した私（当時日本企業）とどうやって開発ビジネスを行うかを考えていた。また、アメリカのＭＩＴ（マサチューセッツ工科大学）を訪問したときは営業窓口担当の教授がいて、大学の研究設備を案内して非常にていねいに説明してくれた。これはまさに営業活動だ。

日本の大学

一方、日本の大学の工学部は、現状、そうした営業体制がないガラパゴス体制なのだ。安倍内閣は教育費の無償化を検討しているが、そのために税金を使うのではなく、中国や海外の大学を参考に、ビジネス社会に近い位置にある大学を改善して、企業から資金を得やすい体制にすべきだろう。少なくとも大学院の学生は、授業料を取るのではなく、給与を払うのが理想だ。修士論文や博士論文のテーマは、資金を出した企業が決めるのがよい。この案は、工学部以外は無理かな？　先日、ある大学の名誉教授と会食したときにこの話をしたら、筆者の意見に賛同し、「企業がテーマを提示して公募するのがよい」と提案してくれた。

筆者は、二〇一七年の日本儒教学会のセミナーの後の懇親会で、国立大学の文学部の教授に「中国の大学の教授は、大学院の生徒に給与を払っている中小企業の社長と同じだ」と紹介し、「あなたも企業に役立つ研究テーマを見つけて、企業から研究費をもらうようにしなさい。そうして、学生にお金を配れば、優秀な学生が博士課程に進学するよ」と話したら、教授はこの提案にびっくりして、笑った後、「とてもそんな時間はない」と、この提案から身をかわした。趣味で儒教を勉強している自分には、儒学こそ社会に役立つ学問と思えるのだが——。

コラム

文藝春秋（二〇一七年一二月号）に北朝鮮の面白い記事があったので紹介する。北朝鮮の大学の教授はほとんど無給で、学生からの賄賂で生活している。学生は賄賂を先生に渡さないと成績が良くならないとのこと。これは大学教授が生徒に給与を払う中国文化と真逆だ。尚この取材は携帯電話で二十四歳の学生からの取材とのこと。この記事の表現方法は「賄賂」ではなく「授業料」とすべきかな？

❹筆者の大学での講義の内容紹介

①講義の実践

筆者が中国の大学で最初に講義したのは上海交通大学で、講義の後、筆者を招待した教授が三十分以上解説をした。その解説は中国語で内容不明であった。学生からの質問もなく、筆者の講義の内容が受講者に理解できたか、役に立ったか、非常に不安になった。これでは達成感を味わうことができない。そう反省して、以後は受講者を対象に講義内容の理解度を確かめるアンケートを行うことにした。

筆者は、浙江大学で実施された2010 International Conference on Pumps and Fans（ICPF, 2010）の国際会議で、省エネに関する講演を行ったことがあった。講演後にテーマブロックごとに研究発表するのだが、筆者の出席したブロックでは発表会の進行係が突然いなくなったため、筆者が発表の進行係を依頼された。大学院の学生が発表したが、英語のレジュメの棒読みだった。非常に下手な英語で、かなり白けてしまった。それで、当時中国の大学院の学生は英語がダメだと認識してしまった。

そこで、その後の江蘇大学での特別講義の際に、自分で中国語に訳した文章をパワーポイントで使用した。そうしたら、受講者のアンケートには、「間違いの多い中国語の文章を使うより、英語の文章にしてくれ」と書いてあった。つまり、中国の学生は英語の発音が下手なだけで、読んだり聞いたりするのはできるのだと知った。

また、二〇一五年と二〇一六年には上海の同済大学で二回ほど特別講義をしたが、最初の講義では大勢の学生が出席し、東大で博士号を取った日本語の話せる湖南大学の教授が通訳してくれた。学生が非常に緊張していて質問がないので、「ぜひ質問してくれ」とお願いしたら、女子学生が質問してくれた。筆者は、「こんな美しい女性が質問してくれて、大変幸せに思えた」と回答したら、皆大笑いし、その後、リラックスして多くの質問を受けることができた。

質問してくれた女子学生は、水素電池用のターボ圧縮機の設計を担当していた。フォルクスワーゲンなどから研究委託されていた。講演後、研究設備を見学したが、試験用自動車が数多くあった。大学の構内バスは電気自動車で、電池を修理していた。この同済大学はドイツ人が立ち上げた技術系の大学。

②大学講義内容の紹介

筆者の講義の内容の一部を紹介すると、筆者が若い将来の技術者に伝えたいのは下記の二点。

⑴発明・発見・改良の方法

環境および市場ニーズの変化に応じた根拠の見直しが着想の原点。現状の基準（制限・条件）の根拠（クライテリア）の見直しを行うこと

⑵開発技術者の生きる道

開発・変革のテーマを見つける能力。変化を好きになること（皆と同じが嫌いな性格）。技術者を大事にする文化のある組織に就職すること

以上の筆者の思想でおわかりかもしれないが、筆者は発明が大好きな特許出願マニアで、過去合計百二十件ぐらい出願している。前回（二〇一三〜二〇一六年）の上海駐在時に、合計五件出願しているし、二〇一七年にもトヨタと共願で一件出願した。特許は二十年で切れるので、ほとんどがすでに期限切れだが、まだ少しだけ特許使用料（六件）をもらっている。昔、大手の重工業による特許侵害で賠償金をもらった記憶もある。

❺ 文系大学

筆者は、十三年前の中国での会社立上げ時に文化遺産の豊富な古都蘇州に駐在し、毎週、週末になると文化遺跡を訪問していた。それがきっかけで中国文化にハマり、中国文化研究が趣味となった。帰国後には、哲学の大学として発足した東洋大学で、十年以上にわたって中国文化と中国哲学を勉強している。中国の文系大学との関係は上海の復旦大学の教授との交流だけだが、知り合いになったのは、この先生が東洋大学で行った特別講義を私が受講したのがきっかけで、これまで数回会食もしている。

東洋大学には中国人の留学生が多く、交流がある。二〇一七年の修士の道教哲学講座の受講者には、なんと中国人が六名もいて、日本人は私を含めて二名だけだった。中国人が日本で中国文化を勉強しているのだ。中国は毛沢東の文化大革命で伝統文化が破壊され、そのために中国文化研究学者が少なくなったのだろう。

中国人留学生は古典の原文を訓読できず、中国語読みをする。難しい古典を速く読まれると聞き取れないので、筆者は「ゆっくり読んでくれ」とお願いした。

筆者は、二〇一七年の夏休みに、この講座で勉強中だった道教上清派の本山がある、南京近くの茅山を訪問した。三つの大きな山が広く分散しており、それぞれに修行道場の立派な大きな宮があった。この山で二泊して、自然のすばらしい景観が広がる山中を歩き、また修行者と会話したりして道教の雰囲気を楽しんだ。

図は茅山にある老子像。これは世界最大級の銅像であり、老子の手の中には大きなハチの巣がある。

二〇一七年度の一年間、集中して道教を勉強した結果を少し報告すると、道教は中国庶民のもので一番人気がある。なぜか？　それは、従来、儒教は教養のある人（士大夫）を対象にして道徳を押し付け、立身出世を期待させているが、一方、道教は庶民を対象にして、現実の生活を良くしたいという願いを神が叶える。

儒教や仏教は古典に束縛されて戒律を変えず、それをいつまでも守っているが、道教は戒律をどんどん現実に合せて変えている。観（道教寺院）の壁に書いてある戒律は、筆者が見ても非常に常識的な道徳で、日本人の常識にも馴染む。道教は、歴史的に儒教や仏教の良いところを取り入れて庶民に直結させた、非常に現実を重視した宗教なのだ。

茅山の老子像

❻台湾の大学

二〇一八年一月末に台湾に出張し、機械メーカーの技術者と打合せをする機会があり、その中で台湾の大学についての話を聞いたので報告する。

台湾の大学の工学部も中国と同様に、企業からの研究委託費から大学院の学生に給与を支払っているとのこと。また、小栗富士雄著『標準機械設計図表便覧』(共立出版)が台湾で翻訳出版され、四十〜五十年前から使用されているほか、台湾では日本のＪＩＳが利用されているそうである。

また、二〇一八年一月二一日の台湾の新聞『中国時報』では、米国の大学の教育基金は台湾の大学のそれの百倍だと記事にして、もっと台湾の大学を支援すべきと提案している。実際、ハーバード大学の教育基金が一兆四七四億元であるのに対し、台湾大学は一三四億元と記載されていた(一台湾元＝三・七六円)。

あとがき

中国で世界史上の偉大な四大発明(羅針盤、火薬、紙、印刷)が成されたことからもわかるように、中国人の頭脳は基本的には科学技術にも強いはずだ。実は朱子が理学を学問として整理したが、それは主に人間と社会の関係についての理学で、科学技術の分野までは及ばなかった。もしも弟子たちが科学技術の分野まで理学を進化させていれば、この分野で中国が欧米に負けることはなかっただろうと思う。

欧州の科学技術が発達しはじめた時期の清朝初期の中国は、あまりにも経済的に豊かだったので（中国のGDPが世界全体の三分の一に発展）、それに満足して科学以外の文化（快楽）に浸り過ぎた。つまり、中国は状況さえ整えば世界のトップになれる可能性があるのだ。

以上お伝えした現代中国の科学技術への力の入れ方を参考にして、現状の日本も取組み方を見直すべきだ。

コラム

当方の技術を紹介すると、当方がＩＨＩという会社に入社した当時（昭和四三年）は、日本の機械メーカの技術は欧米に比べると非常に低く、当方の機械設計者としての仕事は、技術提携元のドイツ語や英語の図面と資料の翻訳や、インチをミリへの変換作業であった。当方の専門分野のターボ圧縮機の基本技術は米国のＪＯＹという会社の技術がベースとなっている。

自動車を最初に発明したのはドイツのベンツであるが、価額が高くて全く売れなかった。しかし、米国のフオードが標準化し量産化したら、価額が安価になり大衆が購入出来て市場に普及した。ターボ圧縮機の分野でも、やはりドイツのＤｅｍａｇが発明した歯車増速式ターボ圧縮機を米国のＪＯＹがコンパクト化し、標準化したので、安価になり米国市場に普及した。米国フオードの自動車と同じ歴史である。

尚、ＪＯＹという会社は技術中心の会社で、営業力のある会社に何度も買収され、会社の名前が以下の様に何度も変わった。

ＪＯＹ
↓
Cooper
↓
Cameron
↓
ＩＲ（現在）

当方は当時ＪＯＹの技術を学び、そしてJOYの技術を使用した商品（汎用ターボ圧縮機）は、当時遅れた商品しかない日本の市場に受け入れられ普及した。

しかし、米国市場では、安価で故障が無くメンテナンス費用の少ない商品であればよいが、日本市場では、常に多くの改善テーマがあり、無人化や省エネ、公害（騒音）対策が必要であった。特に日本の電力代が米国の三倍以上だったので、省エネが大きな課題であった。ＪＯＹの社長に効率（性能）をよくしてくれと要求したが、関心がない、自分でやれという回答で、これがきっかけで、性能向上が課題となり取り組んだ。

特にトヨタとデンソ（当時は日本電装）の要求レベルが最高のお客で、毎年我々メーカから新しい提案がないと付き合ってくれなかった。つまり、圧縮機の性能向上だけでなく、システムとして運転方法や熱回収等の省エネに取り組んだ。

以上の理由で、こうしたレベルの高い市場環境が当方の技術を育てた。

※当方の空気圧縮機の省エネ技術は当方の著作「すぐ役立つ製造現場の省エネ技術 エアコンプレッサ編」（日刊工業新聞社）に詳しいので、是非ご確認下さい

❼中国の国際学会の紹介（筆者が参加した重慶、北京、杭州での国際会議を紹介）

筆者はターボ圧縮機の技術者ゆえ、毎年日本のターボ機械協会の総会に出席している。二〇一八年には永年発展に寄与したとして表彰され、永年会員にもなった。また趣味として日本儒教学会に出席している。中国関係では一八年四月に中国国際透平機械学術会議に出席したので、過去に講演した中国の学術会議も含めて、その様子を報告する。

第三回中国国際透平機械学術会議（二〇一八）(the third Chinese international turbomachinery conference)

重慶で四月十三日～十五日の三日間にわたって開催されたターボ機械の中国国際会議に参加した。各日、午前中は大きなホールで五件の講演があった。講演者は全十五件中十一件が欧州の大学の教授で、残り四件が中国の教授だった。午後はテーマごとに七つの会議室に分かれて研究発表が行われた。プログラムで発表件数を数え上げてみると合計百七十一件あった。出席者は約四百八十人。発表はすべて英語。テーマは、ロータダイナミクス、軸シール、磁気軸受、空気軸受、メンテナンス、材料、流体設計、振動、遠心式流体解析、騒音、ポンプ、故障分析などだった。

ターボ機械には軸流式と遠心式の二種類がある。軸流式は軸方向に流体が流れ、圧力が低くて流量が大きく、主に送風機やガスタービンに使用される。一方、遠心式は半径方向に流体が流れ、軸流より流量が少なく圧力比が高くて、圧縮機や自動車のターボチャージャなどに用いられる。欧州の教授達の発表は主に軸流式に関するものだけだった。なぜかというと、遠心式は元来、独Demagの発明であったが、米国で標準化されて普及・進化したので、現在は欧州の研究者があまりいないのだろう。主催者の中核は遠心式に強い西安交通大学で、軸流式に強くて技術ナンバー1の清華大学は主催者ではなかった。したがって、西安交通大学の発表者は六人もいるが、清華大学は一人しかいなかった。筆者は主催者の西安交通大学のキーマンと古い知り合いで、初日に店を予約して昼食を共にした。彼は遠心式に強い九州大学や大阪大学の昔の教授をよく知っていて、日本の技術も学んでいることがわかった。

発表者の所属を見ると、東北地区と西安が多く、上海は少なかった。南方地区の工場が多い広東省はまったくいなかった。私の推測では、中国では最初に東北地区で国営の瀋陽鼓風（ブロアー）という大会社ができ、その後、西安の陝西鼓風に分離したため、研究機関である大学も東北地区と西安に集中しているように思える。今回の瀋陽鼓風の発表者は十一人もいた。

筆者は遠心式が専門ゆえ、従来欧州の教授との交流は少ない。過去に訪問したのは英国とフィンランドの大学だけであったが、今回初めて独、仏、伊の大学教授と交流できた。米国からの参加者は非常に少なく、それも機器メーカーだけで大学教授の参加はなかった。欧州の大学教授が大勢参加したのは、主催者が欧州の学会に参加を呼びかけた（招待した？）からだと推測する。欧州は経済発展の著しい中国に期待し、積極的に参加して、会場の外の廊下でも一生懸命中国人と交流していた。前方の席にいた筆者にも欧州の教授が挨拶に来た。中国人の学者と間違えられたのかな⁉

初日の晩餐会で筆者は大きな会場を歩き回って知り合いを探した。中国人の知り合いは大勢いたが、日本人は一人だけだった。韓国からも発表者は一人だけ。食事が終わるころにサーカスや、顔がどんどん変わるショーが披露されて盛り上がった。

今回、磁気軸受に関する発表は計十二件あり、中国では磁気軸受の商品が多く出ていることがわかった。空気軸受は筆者の友人の教授が一件。中には、永久磁石モータに永久磁石軸受を使用したブロアーの発表や、従来インペラとモータ各二個の二段圧縮の圧縮機をモータ一個にして、三〇％のコストダウンに成功したという発表があった。筆者は専門の遠心式の発表に対しては、質問ではなくアドバイスを二つほど伝えた。

ちなみに筆者が所属する日本のターボ機械協会の二〇一八年五月の総会は一日のみで、講演は一件、研究発表は十九件であった。国際会議でないので外国人の講演や発表もないし、日本語の発表である。懇親会で会長に中国の会議の報告をしたが、協会としては今後中国の大学と交流を増やす方針とのこと。なお、今回筆者は永年会員として表彰された。最近、この総会は毎年、東京大学で実施されている。

一方、日本儒教学会のほうは毎年五月に早稲田大学で実施され、懇親会はターボ機械協会と同様に立食方式だ。主催者の早稲田大学は金額設定が素晴らしく、懇親会の参加費は四千円と安価だ。料理人を使わずに外注し、学生に手伝ってもらうからだろう。中国の場合は円卓に十人ぐらい座って、豪華な料理を載せたテーブルが回転する方式である。

以上、中国の学会と日本の学会の違いは規模だけでなく、懇親会も違う。

二〇〇九年 低炭素技術国際シンポジウム
(ISLCT 2009 International Symposium on Low Carbon Technology)

このシンポジウムは北京のホテルで開催され、中国・日本・韓国の三国による国際共同での主催。組織のメンバーは、この三国から十人ずつの委員で構成された。日本の委員は東大、阪大、九大、東工大、茨城大、早大などの教授。期間は二〇〇九年九月十五〜十八日で、十五日は登録日で講演はなかった。発表者数も三国それぞれで同程度。発表内容は水車、風車、波力発電、燃料電池、石炭ガス化、太陽電池、バイオガスなどだった。

筆者は、阪大や九大の教授に日本のターボ機械の集まりで誘われ、日本ですでに行っていた「空気圧縮機の省エネ化」の講演内容を英語に訳して講演した。講演の目的は中国人と韓国人に自分の空気圧縮機の省エネ技術を紹介し、日本で始めていた省エネビジネスを海外に広げることであった。しかし、日本人の参加が非常に多く、会食は日本人同士になってしまい、残念ながら外国人としては一部の中国の教授としか交流できなかった。ただ、清華大学の教授に事前に連絡して、省エネに関心がある業者を紹介してもらえた。

二〇一〇年 泵和風机国際学術会議
(ICPF 2010 International Conference on Pumps and Fans)

開催地は浙江大学で、期間は二〇一〇年十月十八〜二十二日の五日間。講演は最初の二日間のみで、後は観光だった。筆者も四日目の上海万博のツアーに参加した。浙江大学は観光地で有名な西湖の西側にあり、学術会議の主催地としては最適だ。また、浙江大学は本章の表1、表2で報告したように、二〇〇九年の大学ランキング三位のハイレベルの大学である。

当時、筆者は日本のエンジニアリング会社で工場設備の空気圧縮機の省エネを実施しており、その技術（Smart grid piping for air blow: 日本と中国で特許が成立[注]）を公開したいとの思いがあり、この国際会議で発表した。

　当時の資料を見ると、筆者の知り合いの大阪大学の辻元教授や西安交通大学の席光教授が招待講師として記載されていた。また、出席者リストを見ると、大半は地元の浙江省と江蘇省だったが、ターボ技術の主力である清華大学や西安交通大学からの出席もあった。外国人の参加者としては日本人が多く、日本人の出席者は自分以外に、日立製作所、九州工大、茨城大、日大、荏原製作所などが記載されており、日本との交流が成功しているのがわかった。欧州や韓国の出席者もあった。出席者名簿の記載人数は百四十四人となっていた。

　本章ですでに報告したが、筆者が出席したブロックごとの発表会で議事進行係が突然いなくなり、筆者が指名された。議事進行係は、講演後の質問が少ないときには質問をしなくてはいけない。真面目に発表内容を聞いていないと質問できないので、かなり緊張した。

　交流には会食を利用する。日本と違って立食ではないので、席を選ぶのが重要である。美しい女性のいる席を選んだら、隣は江蘇大学の教授や浙江理工大学の教授だった。なんと浙江理工大学の教授は日本語ができた。中国の大学では理系の女性研究者が日本より多い。これが縁で、その後この二つの大学に招待され、大学院生に講演を行った。講演後、美人の秘書（大学院生）が大学の近くの観光地（江蘇省鎮江市）を案内してくれた。

（注）日本特許：No.5436248　中国出願番号：201010230609.X　長谷川和三『すぐ役立つ製造現場の省エネ技術　エアコンプレッサ編』日刊工業新聞社、一〇六頁

まとめ

学会が研究者の研究成果の発表の場であるのは、どこの国でも同じだ。発表したことがその研究者の実績となるのだ。一方、著名な教授や学者を招待して講演してもらうのは、学会のレベルを向上させるのが目的だ。しかし、筆者のISLCT 2009とICPF 2010での発表は、招待ではなく、発表の実績を作るためでもなく、自分の技術のＰＲのためであった。また、他者の発表を聞くことで社会の課題を把握できる。懇親会に参加することで、新しい人脈ができるのも大きな成果だ。下手な英語でコミュニケーションに自信がなくても、どんどん積極的に交流を図るべきである。相手も皆、英語が下手だから大丈夫。ロシアの大統領は国際会議でこう言ったという。「英語は国際語ではない、ブロークンイングリッシュが国際語だ」。そうしたら、出席者はみな大笑いしたのだそうな。

第八章　中国に於ける製造及び品質の実情とアドバイス

❶日本の品質管理の歴史を紹介（日本は米国より先にデミング教授の技術を習得）

筆者は機械設計出身の技術者で、たまたまメーカーの品質管理部長を兼任したことがあるが、品質管理の専門家ではない。中国製品の品質はご存知の通り、中国人も信用していないのが現実である。その実態を中国在住者として報告する。

日本の品質管理の歴史

①量産品機械

自動車などの量産機械分野では、戦後、米国のデミング教授が日本に統計的品質管理の方法を伝授し、それが日本に普及した。いまでもデミング賞として名前が残っている。彼は一九五〇年から日本の企業経営者に、設計・製品品質・製品検査・販売などを強化する方法を伝授していった。米国での認知度は彼が死去した頃にやっと高まり始めた。日本での自動車の品質向上の成功がデミングの方法にあると知った米国工業界は教えを請おうとしたが、彼はかつて同工業会が自分の考えに冷淡であったことからあまり熱心に関わろうとはしていなかった。

デミング賞は一九五一年から始まった。ちなみにデミング大賞の第一回（一九七〇年）受賞企業は、トヨタ自動車で、その後の受賞者は一九九四年まで、ほとんど自動車関連企業である。そして、一九九七年からはアジアの会社ばかりで、二〇〇七年からはほとんどインドで、中国は一度もない。

②日本の品質が良くなった理由

それは、デミングの功績もあるが、筆者の考える理由は以下の通りである。当方の従事してきた日本の汎用機械分野の事実である。

実は欧米、韓国、中国など私の知る日本以外の国々では、一年間の保証期間を過ぎたら、故障修理は契約書の通り有料になる。しかし、日本では保証期間が切れても、原因がメーカーにある場合、無償で修理する習慣がある。したがって、ユーザーはメーカーに故障を連絡する。そして、メーカーは再発防止策を検討し、品質を向上させるという世界で唯一（？）の文化を持っている。

一方、日本以外では保証期間を過ぎた故障は、有料ゆえ、ユーザーは自分で出入りの業者に修理を依頼する。その方が安価だ。しかしメーカーには故障の情報は入らず、自分の機械の欠点を知る機会がない。

実は、当方の知り合いの日本人で韓国の一流メーカーに転職した人の話だが、そのメーカーが品質を向上できない理由は、一年間の保証期間を過ぎたら、顧客から故障情報が得られないことだと知って、日本式を採用した。彼が重要な日本の文化を韓国に伝授したのだ。

❷中国の品質の実態（現場の対応実態を報告）

①品質不良対応（汎用機械の場合）

基本的に中国では製品の品質不良の処理は交換で済ます。顧客もそれ以上のことを追及しない。つまり、製品不良が原因で、工場の生産が停止するなどの被害を受けても仕方ないとあきらめ、日本と異なり再発防止を要求しない。それより、迅速に交換部品供給や修理をすることを顧客が評価する文化である。したがって、顧客から持ち込まれた品質不良によるトラブルを処理するのは、品質保証部やサービス部ではなく、営業部の仕事となる。顧客の評価は品質の良し悪しではなく、トラブルの処理スピードである。ただし、これは当方の専門の汎用圧縮機の市場の話であり、他の市場の事情は知らない。

②品質が劣る原因

当方の観察では、中国の一般的な技術者は原理を理解する意欲がない。与えられたソフトで計算するだけで、その計算式や理論に関心がない。それゆえ解析ができない。技術先進国の商品をコピーし、外見が同じの商品であれば良いと思っている。また、設計者は情報を共有しない。つまり、図面や技術資料は自分個人のパソコンの中にある。標準化の思想もない。設計だけでなく、会社全体に情報の共有文化がない。またレポートを書く習慣がない。メーカーの調達部署は客から戻った不良品を外注業者にそのまま渡し、新品と取り替えて終わり。原因究明を指示しないし、関心がない。

なぜだろう？　考えられる理由の一つは、お客の立場は、日本と違い金利が高いゆえ（約五％）、投資回収期間が短いので、初期投資金額を最小にする必要があるから、品質よりも金額の安い商品を購入する必要があるというものだ。

ここで、中国文化の本質的な理解のため、中国伝統文化の「理学」について解説しよう。

「西洋では人間に理性を与えた。一方、中国では理性は発達せず、他者との関係を考えて倫（理）性が発達した」

（東洋大学吉田公平教授　二〇〇九年四月一六日の大学授業から）

朱子学を理学と呼ぶが、その「理」は残念ながら「他者との関係」までの解析で終わってしまったので、中国では科学が発達しなかったのである。

一方、西洋は（原）理を追求したので科学が発達した。吉田先生は授業で、「それが残念」と話されていました。

つまり、中国文化の最大の特徴は、物事の原理より「他者との関係」が一番大事という文化にある。これは儒教の基本である。つまり、商品を買うお客を満足させているか否かが最優先で、それは初期購入価額が安く、トラブル対応が迅速であること（倫理）であって、品質（理性）ではないのである。

③庶民用製品

私の通訳（専門学校の教授）は、先日購入した中国ブランドの電気釜が二カ月で壊れたとのこと。

別の中国人の話によると、保証は一年間だが、一年以内の故障でも、販売窓口の担当者は故障の原因は使用者（顧客）が間違った使用をしたためと、主張する。つまり、逃げ回るとのこと。

以上、庶民用商品の世界は、当方の顧客であるが工場の汎用機械の市場とまったく違う。

したがって庶民は、重要な家電製品は日本ブランドを選ぶ。エアコンの日本ブランドの価格は中国国産ブランドの二～三倍する。

④輸出用商品

中国には、店の看板に、「輸出用商品」と書いた店がある。

当方最初はその意味が理解できなかったが、説明を聞いてなるほど、「輸出用商品」は別の言葉で言えば、品質保証商品専門店だ。つまり、中国国産ではあるが、中国国内向けでなく、輸出用の商品だから、品質は大丈夫という意味だ。

⑤事故やトラブル処理

中国では、大きな事故が発生しても、原因分析結果は発表されないとのこと。ただ関係者の処分は発表される。それは本当の責任者か、権力闘争なのかはわからないという。

⑥「うそ」について

品質と関係があると思うので、中国の「うそ」について解説しよう。

筆者は昨年、仕事の関連で中国人に「うそ」をつかれました。その日の内にばれるような「うそ」

ですが、びっくりしました。

石平氏よると（月刊誌「ボイス」二〇一五年十一月号）、魯迅と同様、日本に留学した梁啓超は中国人と日本人とを比較して「好偽」が中国人の弱点として取り上げて批判した。「好偽」を日本語で読むと、「嘘や偽りを好む」となる。魯迅と同様、日本で生活して、中国人を日本人と比較が出来て、中国人の特徴を客観的に見ることできたのである。また日本生活暦が二八年目になる石平氏は、大半の日本人の国民性が「勇敢」「善良」「誠実」と認識している。

日本人を「誠実」な国民と見ていただくのは光栄だが、ご存知のように日本の新聞はかなり嘘をついている。例えば朝日新聞の従軍慰安婦報道など。また、日本では「調査捕鯨」という怪しい言葉を使用している。本当に調査なら、鯨を殺して食べる必要はない。殺さないで調査は出来るはずである。企業も東芝の不正会計事件とか、建設工事の杭（くい）が短い杭だったとか、日本は本当に誠実な国なのだろうか。石平氏が「大半」の日本人は良いと言っているように、筆者が挙げた上記の悪い例は、「大半」以外、つまり例外と見て良いのであろうか？

❸日本企業が中国で立ち上げ時、品質を確保する方法（著者実施例の紹介）

読者の皆様のために参考として、当方の経験を紹介しよう。

十年以上前、当方が中国で汎用圧縮機の製造工場を立ち上げる時、外注業者を選ぶのに、二つの基準を決めた。

①訪問して日帰りできる場所にある会社
②日系企業と取引があること

早く商品の生産に入りたいので、現地の業者に品質指導をしていたら、とても間に合わないので②の方針を使用した。生産が軌道に乗り、余裕ができたら、コストの安い、実績のない業者と付き合い品質の指導をしながら、少しづつ増やす手順とした。

また工場の設置場所は、①の理由で高速道路のインターチェンジに近いことが重要で、インターチェンジから車で十分の所に工場用地を選択した。

④中国の品質の今後の見通し（政府の方針では「品質強国」目指す）

中国国内のお客を相手に、販売する場合は、お客の満足度の観点から優先順位の高い、安価と迅速なトラブル対応を基準で問題ないと推定する。

米国が日本の品質を勉強したように、将来中国も勉強する時が来ると思う。筆者が上海の会社を退職する時、秘書に自分の将来のために、今後日本の品質管理方法を勉強して、中国の会社の品質管理部門の責任者になることを目標とするようアドバイスした。

二〇一六年三月六日の新聞には、三月五日に開催した中国の全国人民代表大会の第一三次五カ年計画の要旨が記載され「製造業の高度化」という項目に、（昨年策定した）産業の高度化に向けた行動指針「中国製造二〇二五」に基づき「品質強国」「製造強国」作りを急ぐと書いてある。

つまり政府が今後の中国製造業には品質が大切だとの認識を十分持っているのだ。さて、どうやって進めるのであろうか。成り行きが注目される。

❺中国で製造工場の立ち上げ手順（著者の短期間で立ち上げる実施例を紹介）

筆者は日本のメーカーにおいて、長年にわたって汎用空気ターボ圧縮機の開発を実施していた。事業責任者も経験し、晩年の二〇〇三年には中国進出を上司から指示され、蘇州に現地法人の会社を設立し、二〇〇六年には製造工場の立ち上げも完了させた。

少し古いかもしれないが、当時の中国での会社立ち上げに関する手順や経緯、苦労話について報告するので、読者の皆さんにも参考にしていただきたい。

手順

①中国の市場調査

当時（二〇〇三年）の日本製汎用圧縮機の海外市場としては、韓国、台湾、インドなどが中心だった。中国は規制が多く、進出が難しい状況であったので、関心もなく情報もなかった。

当時の筆者の認識では、汎用圧縮機のアジア全体の市場の大きさは日本と同じぐらいと思っていたが、調べてみたら、なんとすでに中国市場は日本と同じ規模であった。なお、現在は日本の約十倍の市場規模に膨らんでいる。

また当時、この分野で中国に進出していた外資系企業は、米国企業を買収していた台湾企業と、日本に進出してその後撤退した米国企業の二社だけであった。

②パートナー探し

筆者の勤務していた会社の汎用ターボ圧縮機は、当時の日本市場の五〇％以上を占めており、すでに商品力はあった。新しく中国の市場に参入するには、パートナー探しが必要で、選択条件としては「中国市場での販売力」が最も重要であった。そこで、販売量がナンバーワンのメーカーを選択すべきと考えて調査したところ、そのメーカーは国営企業だとわかった。

その企業との最初の会議で不思議に思ったのは、営業部門の発言がほとんどないことであった。後で気づいたのだが、当時は市場（顧客）もまた、国営企業が大半であり、国営同士の取引には営業はいらないというわけだ。

また、国営企業は超一流の製造設備を持っている。その装置の稼働率を見ると、どう見ても投資対効果の採算が合っているはずがなかった。おそらく、民間企業と違って、当時の国営企業には設備の減価償却の概念がなかったのだろうと推定する。なお、当時国営だったこの企業は、現在は民営になっている。
最終的に製造技術や設備はないが、販売力とサービス機能のある会社を選択した。

③工場設置場所の選択

当時、一番需要が大きかったのは鄧小平が始めた深圳地区で、パートナーはすでに深圳に組み立て工場を持っていた。

パートナーの意見を参考にして、今後需要の伸びる可能性が高い上海と蘇州を中心に、工業団地の調査をした。各地区の工業団地にはそれぞれ市の勧誘担当がいて、丁寧に案内してくれた。数多くの工業団地を見て回ったが、最終的に、製造工場の設置場所は上海と無錫のちょうど真ん中あたりにあって外注業者も多い蘇州を選んだ。そして、交通の便利さが最重要ゆえ、高速道路のインターチェンジに近い、新しい工業団地に決めた。

工場を立ち上げるまでの仮の事務所は、市の担当の紹介で、立ち上げの事務処理が便利な街の中心にある銀行のビルの部屋を借りた。自分のアパートも、市の担当の紹介で事務所まで歩いて通える場所を選んだ。一人で住むのだが部屋や寝室が複数あり、住み込みのお手伝い専用の部屋やトイレ、風呂まであった。当時の中国の金持ちは、住み込みのお手伝いを使っていたようだ。

会社登録後は、職員も増え、事務所もアパートも市の中心から引っ越した。

④人材採用

会社立ち上げには、人材の確保が最重要項目である。詳細は第一章「中国でコミュニケーションをとるための情報収集と準備」を参照していただきたい。

⑤外注業者の選択

本章ですでに記述したが、中国の業者に対して品質管理の指導を実施するには時間的コストがかかり過ぎる。したがって、とりあえずはすでに日本へ輸出しているメーカーか、日系企業に納入しているメーカーを中心に外注業者を選択。重要な加工部品については、精度を確保するため、日本の企業で使用中の製造設備と同じものを所有している加工会社を探した。つまり、外注品の購入価額より、品質確保と立ち上げ時間の短縮を優先したのである。

工場建設

工場の設計や施工業者は、選択した工業団地のルールを知った地元の国営の設計院を選択するしかない状況であった。また、電力供給について電力会社との交渉が進まず、大きなストレスとなっていた。しかし、従業員の人脈を頼りにしたところ、あっけなく解決した。国営企業との交渉は閉まった扉を開けるカギ（人脈）が必要ということを学んだ。工場設計の計画および進捗のチェックは、日本の親会社の工場にいた実務者を常駐させて進行させた。

社内食堂

信頼できる中国人の部下のアドバイスでは、「社内食堂で提供される昼食の品質は非常に大事で、まずい昼飯だと従業員が辞めてしまう」とのこと。したがって、日本の親会社の社内食堂で出される昼食より高級なものにした。

日常生活

土曜日曜は暇だろうと予想し、暇つぶし用にゴルフクラブを新しく買った。しかし、蘇州という街は文化遺産だらけで、それゆえ中国文化にハマってしまい、観光に忙しくなってゴルフをする暇などなくなった。結局、ゴルフクラブは一度も使わないまま、先日、家内に「邪魔だ」と言われて新品のまま捨てられた。

普段の筆者の仕事は、日本から派遣された工場立ち上げの実務者を毎晩接待することだった。とにかく工場を立ち上げるまで、彼らが「中国の生活は嫌だから日本に帰る」と言い出さないようにしなければならなかったのだ。

まとめ

二〇〇四年ごろの記憶をもとに記述したが、蘇州は呉越の時代の呉の国の首都で、絹織物の生産で繁栄し、文化遺産が豊富な街だ。市の西側と東側に工業団地を造り、製造業を誘致して大きく発展した。数年前には地下鉄も開通し、筆者が立ち上げた会社も立派な企業に成長し、日本の親会社に大きな利益をもたらしている。

成功できた理由にはもちろん従業員の努力もあるが、一番の理由は開始時期にあったと思う。当時の市場の大きさは日本と同じ規模であったが、現在は日本の約十倍まで成長した。ちょうどタイミングよく、成長の波に乗れたわけだ。いまでは筆者が創業前に作成した十年後の市場見通しや生産計画を大幅に上回ってしまった。
なお、中国は、汎用圧縮機の給油式スクリュの分野（筆者の専門外分野）でも性能や熱回収の技術で欧米や日本に勝り、省エネ先進国となってしまった。(注1)
こうして見ると、中国で事業を成功させるには、中国市場におけるその事業の将来性の見通しと開始時期が一番大事だと言える。
ちなみに、中国における自動車の販売台数は二〇一六年で日本の五・六倍で、毎年増加しているが、日本では減少している。中国の消費は毎年約一〇％増加しているが、日本の消費の増加はゼロだ。第三章「中国経済成長の理由」で記したが、「日本と違って中国は長期政権で経済政策が非常に安定しているため、こうした中度の経済成長が続いているという背景がある」ということも、中国で事業を成功させるのには重要だ。

（注1）長谷川和三「エアゴンプレッサおよび圧縮エアの省エネの考え方」月刊誌「クリーンテクノロジー」二〇一六年八月号、日本工業出版

コラム

〈中国人の欠点〉

二〇一七年上海の中国人の友人と八月に行った文化議論の内容を記す。
会社や組織でのチームプレーが不得意。例えばスポーツを見ればわかる。個人プレーではオリンピックで金メダルをたくさん獲得するが、チームプレーのバスケット、サッカー、野球などは国際的には非常に弱い。

理由：友人曰く，永い間皇帝の支配が続き、その後の毛沢東などの独裁者の指示に従う文化が続いて、チームワークで処理する経験がない。現在の習近平や李克強は庶民から支持されているが、庶民はあまり政治に関心がなく、自分の身の回りのことに関心が強い。

〈日本人の欠点〉

友人曰く、日本人は「抓大放小」（日本語訳：大をつかみ、小を放す）ができない。「大」をそっちのけで、つまらない「小」を大事にしてしまう。

この指摘には当方同意で、メディアや野党は国政にはまったく関係のない小さい問題である加計学園の問題に大喜びして、大事な経済問題や国防課題を報道しない。日本国民も国政に関係のないつまらない報道に喜んでいる。

第九章　中国庶民の生活と楽しみ

❶ 各地の食文化の紹介
（中国の四大料理の特徴を比較解説。中国茶の種類と飲み方やお客の接待方法を解説）

中国文化を理解するために、食文化は重要なテーマの一つである。食文化全体に関する執筆は、東洋大学で講師をされている馬雪峰先生にお願いした。当方は駐在者の視点で書くことにする。

中国の料理の種類とその特徴（馬雪峰先生執筆）

中国では食文化圏を大きく四つに分類して、四大料理（四大菜系）と呼ぶことがある。四大料理とは、一般に北京料理・上海料理・四川料理・広東料理のことをいう。(注1) さらに細分化して、八大料理に分類することもあり、その場合は上記の四大料理に福建料理、浙江料理、湖南料理、安徽料理を加えた呼び方となる。(注2)

各料理は食文化の蓄積が背景にあるため、それぞれの地域

中国食文化地図（馬雪峰先生執筆）

で独特な食材や味付けや調理法を持っている。旅行者にとっては、各地域の料理をつまみ食いするのも中国旅行の楽しみの一つとなるが、各地域に生まれ育った中国人にとっては、その地域で味覚を形成するので、他地域の料理になじむのに苦労が伴う場合もあるだろう。中国各地の都市部に「会館」(注3)が設けられ同郷の旅人をもてなす際には、宿泊のみならず、食事の提供も重要なサービスであったのである。だからこそ、いまでも宿泊施設の意味で「飯店」や「酒店」という言葉が使われるようになっているのであり、これは中国人の食事観の表れといえる。

（注1）この他にも山東料理・四川料理・揚州料理・広東料理に分類することもある。

（注2）北岡正三郎『物語　食の文化』（中公新書、二〇一一年六月）によると、この他にも五大菜系、十大菜系、十二大菜系などの分け方がある。

（注3）北京をはじめ中国各地の都市や町に、商人たちが同郷会館や同業会館を作り、集会や宿泊の便宜を提供した。

中国食文化地図（馬雪峰先生執筆）

悠久な歴史の中で、中国は多様な文化を独自に創り出してきた。食文化もその一つである。中国人は、人間が生命活動を持続させる上で欠かせない営みを、「衣・食・住・行（衣服・食事・住居・交通手段）」の四つであると考えてきた。とりわけ「民以食為天（民は食をいちばん大切なものと考える）」ということわざがあるように、「食」を「衣・食・住・行」の中でもっとも重要視してきたのである。

食文化の中の味道（味）については、酸（酸っぱい）・甜（甘い）・苦（苦い）・辣（辛い）・鹹（塩からい）の五味（五つの味）に分類されてきた。現代では、これに四川独特の麻（しびれる辛さ）と香［うまみ↓八角・クローブ・ちんぴ（陳皮）・花椒・桂皮・パクチーなどの総合調味料によって出す香り」を加えて七つに増やされている。

　このような味覚を各地域の好みの味付けとして守り続けてきた結果、東西南北で料理の味覚が大きく異なることになった。一般に「南甜北咸、東酸西辣」といわれるが、「南は甘く、北は塩辛い。東は酸っぱく、西は辛い」という意味で、各地域の味覚の特徴をよく言い表した表現である。ここでいう四つの方角は「四大菜系（四大料理）」に対応し、（北東西南の順に）北京料理・上海料理・四川料理・広東料理が各地域を代表することになる。後にこの四大料理に浙菜（浙江料理）、閩（福建料理）、徽菜（安徽料理）、湘菜（湖南料理）を加えて、「八大菜系（八大料理）」として分類する呼び方も定着するようになった。それぞれの料理は、味付けの違いだけではなく、地方によって好んで使われる食材も異なるし、さらに調理方法に至っては、炒（炒める）・煮（煮る）・蒸（蒸す）・炸（揚げる）・煎（蒸し焼き）・烤（炙り焼き）・腊（燻製）など数多くあるので、中国の料理の豊富さと無限の多様さを容易に想像できるだろう。

　さて四大料理について各々の特徴を簡単に述べると、北京料理は油っこくて（カロリー多め）濃厚な味付けであり、

表1　中国の四大料理の特徴

方角	味の特徴	地域	代表的料理	主な調理方法
北方	咸（塩辛い）	北京（山東省も含む）	漬け物（酸菜）・面類（肉まん、餃子、饅頭、お焼きなど）・北京ダック	蒸（蒸す）・煮（煮る）・炒（炒める）・烤（炙り焼き）・炸（揚げる）
東方	酸w（酸っぱい）	上海（杭州・蘇州も含む）	淡白系→上海ガニ 濃厚系→白身魚の甘酢あんかけ（西湖酢魚）・豚バラの角煮（東坡肉）	煎（蒸し焼き）・煮（煮る）・炒（炒める）
西方	辣（辛い）	四川（重慶などの周辺地域も含む）	麻辣火鍋・麻婆豆腐・麻婆茄子・坦々麺・えびのチリソース	爆（強火で炒める）・煮（煮る）・溜（あんかけ）
南方	甜（甘い）	広州（客家も含む）	酢豚（古老肉）・点心（小籠包・エビ餃子）・烤乳猪（子豚の炙り焼き）	煲（土鍋で数時間かけてじっくり煮込む）・小籠屜蒸（飲茶）・烤（炙り焼き）

上海料理は淡泊な味付けと甘辛く濃厚な味付けの二種類があり、四川料理は唐辛子を使った辛い味付けであり（麻辣）、広東料理は塩味で淡白な味付けである。これらを一覧表にすると、前頁の**表1**のようになる。

八大料理では、「湘菜（湖南料理）」について、触れておく。湖南省の料理は、酸味と辛みが強く、燻製肉や油を多く使った料理が多いことに特徴がある。代表的な料理には、「紅畏魚翅」「金銭魚」「氷糖湘蓮」があり、唐辛子で食材を覆いつくすような、激辛料理が少なくない。(注4)

中国の西北部や山西省は、黄土高原の中にあって豊かな食材に恵まれない。そもそも雨量が少ないうえに地味の痩せた黄土の地域では、粟や高粱やトウモロコシや麦などを生産し、南方の米食に対して、饅頭や焼餅(注5)や餃子などの粉食が中心である。

（注4）福富奈津子『中国料理事典』（柴田書店、二〇一一年五月）の記述によれば、「四大菜系」に分けた場合、「湘菜」（湖南料理）は「西方系」として「川菜」（四川料理）のグループに分類される。

（注5）小麦や大麦の粉などをこねて発酵させ、油や塩を練りこんで円形にのして焼いたもの。

中国駐在者の意見（長谷川執筆）

①四川料理

四川料理が辛い理由について通説を紹介しよう。

中国の海岸の近くは、豊富に塩があり、内陸の四川は塩がない。それゆえ昔は、塩は入手が困難で価格が非常に高く、塩味の替わりに辛子を使用したことで、安価な唐辛子が普及した。したがって塩が豊富な、広東料理や上海料理は辛子を使用しない。つまり、中国の東側の海岸沿いの地域は塩があるので、辛子を使用する必要はなく辛子を使用した料理がないということだ。

昔、製塩は非常に重要な産業で、上海の東側の鎮の博物館には、塩田で栄えたとき、当時一番豊かだった蘇州と同じぐらい豊かだったと展示してあった。なお、塩は、歴史上中国では唐代以前から塩税が政府の貴重な財源であった。

当方は、辛い食事は食べられない。上海人も食べない。上海・蘇州一緒に団体ツアーで四川を訪問したときは、ツアー主催者がそのことを承知しており、辛くない食事が用意された。四川料理の中でマーボ豆腐は辛子だけでなく、胡椒系の香辛料も追加している。ご存知だと思うが、唐辛子の辛さは、口入れた瞬間は気付かず、少し時間が経って辛いとわかる。つまり気付いてからでは手遅れなので、口入れる前に、隣の人に辛いかどうか聞くようにしている。

②東北料理

中国の東北料理は、日本の昔の東北と同様、塩辛い。寒い地域は塩分が必要らしい（東洋医学に詳しい石原医学博士は、塩は体温を上げると書いている）。

当方、瀋陽市の店で最初に食事したとき、あまりにも塩辛いので、二度目からは注文するときに塩を入れるなと条件を出すようになった。

また北京市内の地元料理は食べてみて、あまりにもまずいことがわかって、北京市内ではそれ以来、広東料理屋か上海料理屋を探すことにした。北京に住んでいた清朝の乾隆帝はおいしい料理を食べたいので、蘇州から料理人を招聘している。

③広東料理

塩や唐辛子なしの、甘い料理。人気があるので中国全国にある。上海料理は二百年ぐらいしか歴史がないが、広東料理は長い歴史があり、一番信用できる。海外の中華料理も広東料理が多い。もちろん香港料理も広東料理の一種である。先日深圳で食べたとき、以下の二つの特徴があった。一つ目は、食器を使用前にお茶で洗う。これは十年前、蘇州は上海でも一般的であったが、現在は実施していない。二つ目は、箸の先に、半分ぐらいの木の箸を取り付ける。その木の部分だけは使い捨て。当方は箸の使用方法が下手ゆえ、日本の滑らない割り箸が好きだ。韓国では、金属の細い箸ゆえ、うまく掴めないので、いつも日本の割り箸を要求している。日本人が来る可能性がある韓国の店は割り箸がおいてある。

広東料理はあらゆるものを食材にすることで有名で、二十年ぐらい前観光で訪問したとき、日本では捨てるアヒルの足などが出てビックリする。ツバメの巣とか、犬や蛇、鼠《ねずみ》も食べる。ことわざ「広東人は何でも食べる、飛ぶものは飛行機以外何でも、四足のものは机以外何でも。二足のものは親以外何でも。」

④上海料理

上海は二百年前は田舎で、大都会の蘇州（呉の国）と杭州（越の国）から移った人たちで構成されているので、場所によって、蘇州弁と杭州弁の地域があると聞いている。日本で最近大都市になった横浜と同じ、横浜も江戸時代は田舎。つまり上海料理は基本的には蘇州や杭州の料理文化を継承し、混合したと思う。味は塩や辛子はなく、広東料理より甘くなく、日本料理の味に近い。ただし、日本料理より油の使用量が多い。中華鍋を使い高温で油で炒める方式が特徴。以前、日本のテレビ番組で見た話だが、従来の燃料の炭や薪では火力が弱いため高温は得られず煮物しかできないが、上海人は昔、米の藁《わら》を燃やして高温を作るのを発明した。それで炒め物ができるようになった。推定だが上海人は気が短く、時間がかかる煮物料理は面倒で、短時間でできる炒め物を発明したのではないか。昔は燃料の藁を保管する専用倉庫がたくさんあったとのこと。現在はもちろん都市ガスを使用している。炒め物用の油は菜種油で、春先には田んぼは菜種の花で一面黄色で美しい。

上海蟹が有名だが、現在は上海では上海蟹を養殖していない。隣の蘇州や昆山の湖で養殖している（上海蟹とは淡水の蟹で、日本では「もずくがに」という）。

蘇州に住んでいるとき、日本からのお客の接待に上海蟹料理をよく利用した。蒸した小さな蟹を自分で解体して食べるのだが、慣れないと随分時間がかかる。上海蟹が初めてのお客は、解体進捗の遅さを放置できず、手伝いを呼んでしまう。当方は昔、庶民の市場で生きた上海蟹を買い、自分のアパートで料理を試みた。鍋に火をつけて三分後、生きた蟹は縛ってあった紐を自分で解いて、鍋から逃げ出した。慌てて捕まえた。どうも、市場や路上で売っている蟹は養殖ではなく野生の蟹で、馬力があり、かつ肉も締まっている。レストランの蟹は養殖で肉は柔らかく太い。

⑤蘇州料理

基本的に上海と大差ないが、桂魚という淡水魚をよく食べた。三〇㎝ぐらいの大きさで、表面に碁盤の目のように筋をいれフライ用の粉をつけて、油で揚げる。筋が入っているので、箸でつかんで肉を簡単に取ることができる。われわれ日本人には淡水魚は海水魚に比べて、おいしくないが、この桂魚は淡水魚特有の小骨はなくおいしい。高級料理で基本的には接待用の料理。

また水晶蝦もおいしい。一cm～二cmの蝦の身を蒸したもので、火を通してあるのに、透明な身であるので水晶蝦という。もちろん河川で採れたもの。

⑥杭州料理

蘇州が昔の呉の国の首都であったのに対し、杭州の東側の紹興が越の国の首都で、西側の臨安が南宋の首都であり、杭州は現在浙江省の省都である。

蘇東坡（役人で詩人）が発明した東坡肉《トンポーロ》が有名。甘めに味をつけた豚肉の煮込み料理である。

また蓮根の穴にもち米を入れて煮た甘い料理（桂花糖藕《クイファタンオウ》）も有名。上海や蘇州でも前菜として一般的に普及している。

また西湖は龍井《ロンジン》茶の産地でもある。茶の生産高は中国で一番とのこと。杭州の東の紹興は紹興酒の産地で、現地の食堂は瓶でなく、仕込んだ甕から酒を注いでくれる。おいしくて感動したことを覚えている。四十年前台湾に出張したとき、生まれて初めて紹興酒を飲んで、その味にビックリした。米が原料の酒だが三年から十年ぐらい寝かせる。古い物ほど

東坡肉

桂花糖藕

価格が高いが、私は五年ものを選ぶ。これ以上古いと、持ち味のさわやかさがなくなり、私にとってはおいしくない。赤黒い色がついているので黄酒、または寝かせるので老酒と呼ぶ。アルコール濃度は日本酒と同じぐらい。

紹興の東に河姆渡《かぼと》遺跡（一九七三年に発見）があり、七千六百年前、ここは中国で初めて米の生産が始まった地とのこと。当方の学生時代はいまだ発見されておらず、当然歴史の教科書にはないので、訪問したときにはこの遺跡にビックリした。しかし農業は呉の国の方が盛んで、越の国は商業が中心とのこと。理由は、浙江省は稲の刈取りの頃、ちょうど台風が来て、せっかくの成果が台無しになる。それで、商業中心になった。車で上海から杭州に入ると、道路沿いに豪華な住宅がたくさんあり、商売で成功した人が大勢いることがわかる。上海の商売上手な人は杭州出身とのこと。一方、台風の来ない呉の国蘇州は真面目に農業や絹織物で生計を立ててきたので、勤勉な性格の人が育ったとのこと。上海人の半分は、商売系の杭州人、半分は勤勉な蘇州人という説明を中国人から聞いた。

⑦麺（うどん）

日本語ではうどんのことを「麺《メン》」という。中国語では面条とか面と呼んでいる。「麺」という漢字は中国語の辞書にない。日本人が作ったのか、それとも中国ではなくなったのか調査していない。中国の面条は文字の通り、粉を練って面状にしたものを、条（細長い物の意味）状にしたもの。愛知県のきしめんは幅が八㎜ぐらいあるが、上海では二倍で一六㎜ぐらいある。よく打ってあるので、こしがある。

拉面《ラーメン》の「拉」は引張るという意味であるから、面条を引張って細くしたもので材料は面条と同じ。

日本だとラーメンを中華そばと呼んでいるが、ラーメンだけが中華ではなく、きしめんも中華の面条である可能性がある。日本のうどんのような断面が正方形なものは見かけない。蕎麦は日本と同じ。ちなみに、当方の住む上海の面条（うどん）は目玉焼きを一個つけて一杯一〇元（約一七〇円）、店で粉から叩いて面条を作っている。日本では安価で便利なファストフード店の「すき家」は上海で、うどんは三一〇円、牛丼定食は四九〇円。待ち時間は五分以内で便利。

⑧小籠包《ショウロンポウ》

小籠包は豚の挽肉を薄い小麦粉の皮で包んで蒸籠蒸しした包子である。薄皮の中に具とともに熱いスープが包まれているのが特徴。上海が起源といわれており、一説には上海市の西北にある町、南翔で発祥したとされる。

当方はその南翔に住んでいた。当初は町の中に小籠包の店が非常に多いので、不思議に思ったが、なんと発祥の地だったのだ。その記念館もあった。

大きさは一般的な肉まん（肉包子）と比べてかなり小ぶりで直径は約三センチメートル程度。大きさからいえば焼売より少し大きい。皮は小麦粉を半ば発酵させ、よくこねたものを円形に薄くのばし広げて作る。特徴のスープは元々のレシピでは豚皮を煮込んで冷やした肉皮凍という煮こごり（ゼラチン）を豚の挽肉に混ぜ込むが、現在は鶏のゼラチンを用いたり、中には豚皮・牛骨・鮫の軟骨を加水分解で工業的に加工して作った食品

熱々のスープの入った小籠包

用ゼラチンを使ったりするものもある。このゼラチンが蒸籠の高温で蒸され、溶けてスープとなる。熱々の肉汁（スープ）を含んだジューシーな味わいがその最大の特徴となっている。したがって、冷めたものではその特徴を味わえず、箸でつまみ、レンゲでスープをこぼさないようにして味わう。このスープは熱いので危険で、当方は処理が下手で食べるのに時間がかかる。

上海旧市街の豫園商城内にある「南翔饅頭店」が本家を名乗っているが、この店はいつも満員で、当方も並んで待って食べた記憶がある。台湾の台北市には観光客に人気のある鼎泰豊の本店があり、この店も仕事で台北を訪問したとき、現地の台湾人に連れられて並んで待って入った。

⑨シャブシャブ（呷哺呷哺）

上海と蘇州のいずれでも一般的な料理である。日本のシャブシャブと同じ。しかしタレの選択肢がある。当方の推定では、元来中国の東北料理で羊の肉を薄く切ったものをお湯の中でシャブシャブしてから食べる涮羊肉料理が、日本で羊以外の材料（牛肉、海老、野菜）も使うようにしたのだと思う。現在中国では日本語のシャブシャブという名称をそのまま中国語の発音の当て字（呷哺呷哺）で使用している。逆輸入だ。

⑩河豚《ふぐ》

日本語も中国語も「ふぐ」は漢字で「河豚」と表示する。日本では海でしか捕獲しないのになぜ「河」なのだ。中国では、昔から海の漁業がほとんどなく、河川の漁業。したがって、「ふぐ」も河川のもの。

インターネットで調べたら、有毒ゆえ危険で一九九〇年に中国国内では販売が禁止され、江蘇省は闇市場での流通となり、二〇一六年には二十六年ぶりに販売が解禁されたとあった。それも養殖加工済みのものだけで、天然ものは今後も禁止。養殖は審査を受け登録したところだけ可能。

十四年ぐらい前、蘇州に住んでいた当時、日本料理屋の入口に水槽があり河豚が泳いでいたので、注文した。一緒に食事した日本人は、私が食べ終わり、私がその場で中毒で倒れないのを確認してから、食べ始めた。いまから考えると、闇市場のものとは知らずに、闇市場の河豚を食べたことになる。このインターネットの情報に自分でもビックリした。

なお、二〇一六年この日本料理屋を訪問したら、開業二年ぐらいで閉店したとのこと。いまから考えると違反がばれて、営業停止になったのかもしれない。

⑪お茶

お茶は大きく分けて、三種類ある。

未発酵…緑茶（龍井茶《ロンジン》、日本茶）　半発酵…烏龍茶《ウーロン》、鉄観音茶、武夷茶《ムイ》　発酵…普耳茶《プアール》、紅茶

⑴緑茶

お茶を出すのに、熱湯で茶葉の細胞内の成分を溶かすのだが、短時間で溶かせないので時間がかかる。中国ではお茶の時間は、時間をかける。早く出すため、茶葉の細胞を破壊するために製造時手でもむ。気の短い日本人は早くするために、粉にした抹茶を発明した。未発酵茶は苦味や渋みが強いのが特徴。

⑵紅茶

かなり昔に読んだ本では、紅茶の起源について次のような説が書かれていた。一九世紀初め、イギリスが中国から茶を買いたくてもお金がないので（当時イギリスのＧＤＰは清国の六分の一）、イギリスの事業家が茶の専門家の中国人を雇って、当時植民地のインドで茶の木を探し、発見に成功した。刈り取った茶の葉をイギリスに輸送中、管理が悪く腐敗（発酵）して紅茶ができたそうだ。インド人も当時お茶を知らなかった。その後、この茶の木を植林栽培し、インドを生産地にした。イギリスに輸出する紅茶の葉のクズを茶としてインド人は飲むようになった。この紅茶の木は成長すると、高さ一〇ｍに及ぶ大木で、葉も大きく、中国や日本の茶の木とはかなり違う。農場では、高くならないように切って、管理している。

発酵茶や半発酵茶は気温が高い場所で、保管中に自然発酵してしまったのだろう。発酵した茶が結構いけるとわかり、それをそのまま使用したと推定する。過去には、お酒や味噌や醤油も最初は米や大豆の保管方法がわからず、自然発酵してできてしまったと思う。腐敗と発酵は紙一重だね！

発酵茶の特徴は、苦味や渋み少なく、香りがよく、細胞が破れているので茶を出すのに時間がかからない。

⑶普耳茶

発酵度が高く、渋みや苦味がほとんどない。色も黒い。推定では原料を発酵させないとまずくて飲めないと思う。産地は南方。

(4)お茶の飲み方

中国では、お茶をいれるのは接待者で、専用の道具を使用し、最初のお茶は、茶飲み茶碗の洗浄に使用する。二回目のお茶をお客に差し出す。一回目のお茶は、十分味が出ていないという判断。茶飲み茶碗は小さく日本酒の杯より少し小さいので、一気に飲み干す。飲み終わると、また接待者が新しく注ぐので、お客の私は、相手に仕事させるのが嫌で、飲みづらくなる。日本式の湯のみで相手に負担をかけないで自由に飲みたいと思う。しかし、これが中国式接待の方法で、大事なお客に対する礼儀である。

(5)大衆の飲み方

仕事中の庶民は、持ち運びできる携帯魔法瓶を使用し、茶葉を入れて、飲み終わるとお湯を追加する。車の運転手は必ず携帯している。事務所で仕事する従業員も机の上に、この携帯魔法瓶を置いている。日本茶と違い、三〜五回茶葉を変えないで、お湯を足して飲むことができる。おそらく、日本茶葉は細胞の破壊度が高く、一、二回で終わりになるが、中国茶葉は細胞の破壊程度が低いので長持ちするのだろう。

⑫外国料理（日本料理）

アンケートによると、中国・韓国・フランス・イタリアでは、外国料理で一番好きなのは、日本料理とのこと（表）。上海人も日本料理が大好きで、日本料理は値段が高いのに、お客がいっぱい。回転寿司屋や日本の「すき家（食其屋）」は値段が日本より高いのにいつも満員。

しかし、田舎から出てきた中国人は、生の魚は食べられない。日本も江戸時代に江戸前寿司で生魚を食べたのが最初と推定する。中国では、魚は河川が主体。最近は秋刀魚や鯖などを取り捲っているが、中国人は元来海での漁業は不得意。高級中華料理のふかのヒレやあわびの干物は、昔は日本から輸入していた。しかし現在、中国では食堂に生簀があり、生きた海の魚を客が直接選んで料理させる店が多い。最近は、日本のマグロの競り市で、一番高いマグロは香港人が買い、中国人が食べているらしい。

表より、日本料理と中国料理は世界で非常に人気があることがわかる。私は世界の多くの国を訪問しているが、個人的には英国・米国の料理が世界で一番まずい料理だと思う。英国に十日間家内と旅行したとき、最初の日に食べたロンドンの地元料理があまりにまずいので、次の町に着いたら、ホテルでまず中華料理屋を探した。また米国には出張が多く、いつもまずい食事で苦労した。料理するとまずくなると思ったので、何も料理せず蒸すだけの蟹や海老を注文した覚えがある。先日中国人の元部下が米国に出張し、米国料理はあまりにまずいので大変とEメールで連絡してきた。やはり中国人も米国料理は嫌いなのかもしれない。

欧州も中国も食事文化の事情は同じで、いずれの地域でも、北方よ

表　好きな外国料理　2013年7月発表データ（日経新聞）

	中国	韓国	仏国	伊国	米国
1	日本料理 25.2%	日本料理 25.7%	日本料理 17.7%	日本料理 23.8%	伊国料理 15.5%
2	韓国料理 19.8%	中国料理 22.5%	伊料理 15.1%	中国料理 19.1%	中国料理 15.0%
3	仏料理 13.6%	伊料理 15.2%	中国料理 14.6%	スペイン 11.4%	日本料理 14.7%

り南方のレベルが高いのが共通している。

⑬持込、持ち帰り

蘇州に住んでいる元部下が上海蟹を食べようと誘ってくれたので、私の住んでいる上海と彼の住んでいる蘇州の中間の昆山で落ち合った。なんと彼は上海蟹を持参してきた。適当な店に入り、持参の上海蟹をその店で料理させた。もちろん料理代は支払ったが、中国の食堂は材料の持ち込みがありなのだ。

また、打包《タアパオ》（包むという意味）といって、食後の食べ残しをプラスチックの容器に入れて持ち帰る。したがって、注文しすぎの心配は無用だ。ひょっとして家で待っている家族へのお土産として、余分に注文しているのかもしれない。または食事当番の夫が手抜きのためか？　実は中国では、食事当番は夫婦間で平等のようで、夫も当番のときは早く帰宅する。私のアパートの隣の部屋の台所が窓から見えてしまうが、よく男性が台所で料理しているのを見かけた。

⑭中国人との会食

十年以上前、蘇州の会社に勤務していたとき、よく中国人の従業員と一緒に食事をした。会社で年長で資格が上位の私は、メニューを渡され、注文しなくてはいけない。メニューに料理の写真がない場合、中国語を読み取るのは大変。やっと注文すると、部下がメニューを取り上げ、量が少なすぎると言い、肉料理をいっぱい追加注文する。私の選択は野菜ばかりで、少食ゆえ量が少なすぎるのだ。

また仕事での会食だと、酒に強くない私も乾杯を拒否できない。相手が男性の場合は少しだけ飲んで、飲んだ振りをするが、美しい女性だと、本当に乾杯してしまう。（注：乾杯は本来一〇〇％完全に飲み乾すという意味で、中国語も韓国語も日本語も発音はほぼ同じ）。白酒は蒸留酒でアルコール濃度は五〇％以上で、口当たりがよく、頭には酔いがまわらないので飲みすぎてしまい、頭は正常なのに、足が駄目になり、ホテルまでおんぶして運ばれたことがある。白酒ではマオ台酒が有名。

二〇一六年一月に上海で、私の大学の同窓会があり、十年振りに出席した。十年前は十二〜十三人の出席で、半分が日本人であったが、今回は四十人ぐらいの出席で日本人は私を含めてたったの二人。日本の大学の同窓会なので、使用言語は当然日本語と思っていたのだが、三十分ぐらい過ぎたら中国語になってしまい、聞き取れなくなってしまった。

⑮言葉の変化

胡麻の「胡」は「外来の」という意味で、元来中国が外国から導入した食材という意味。しかし現在の中国人は胡麻という漢字を使わず「芝麻」という漢字を使っている。これと同様の食材を列記する（**表**）。なお、胡椒は同じ文字を使用。

中国も昔は「胡」の文字を使用したはず、それを日本が食材と文字を一緒に中国から輸入したのである。中国では、もう外国からの食材でないとして文字を変えたと推定する。トウモロコシはアメリカ大陸からきたといわれているが、「胡」の文字を使用せず「玉米」を使用している。日本語の辞書には「玉蜀黍」とある。

日本語	中国語
胡麻（ごま）	芝麻
胡瓜（きゅうり）	黄瓜
胡桃（くるみ）	核桃
胡豆（そらまめ）	蚕豆
胡椒（こしょう）	胡椒

似た話だが、日本では薩摩芋は薩摩（鹿児島）からきたので、そう呼んでいるが、地元の薩摩では唐芋（中国からきた芋という意味）と呼んでいる。つまり、中国の芋を薩摩経由で輸入したのである。なお、現在中国では甘薯《かんしょ》という文字を使用している。

あとがき

私の「おいしい」「まずい」の記述は、当方の主観で書いており、客観的でないことを承知している。私が「まずい」という地域に住んでいる人から見れば、全く逆の意見だと思う。本当にまずいなら、おいしくなるよう改良するはず。

蘇州に住んでいるとき、四川省出身の会社の女子社員は、「今日は四川料理屋に行きましょう」と誘い、「大丈夫です、貴方には辛くない料理を注文しますから」と言う。皆出身地の料理が好きなのだ。しかし、この人は四川省を離れて十年以上過ぎていて、故郷の母親の料理は辛すぎて嫌いといっている。好き嫌いも住むところが変わり時間が経つと、少しずつ変化することがわかる。

❷観劇の紹介（京劇のルーツやサーカス、人形劇等を紹介）

中国での生活を充実させ、より一層楽しむには、中国文化に関心を持ち、よく調べて味わう必要がある。そのきっかけの一つとして、中国庶民が楽しんでいる文化である「観劇」を紹介する。

伝統演劇

北京で演じられる伝統演劇は「京劇」という。地方劇では昆山市のものを「昆劇」、四川省のものを「川劇」、越の国であった杭州では「越劇」と呼び、それぞれ地元ごとに地方の名前で呼ぶ。テーマは『西遊記』、『水滸伝』、『三国志』や『紅楼夢』（清朝貴族の恋愛ドラマ）、『包公』（大岡裁きものに相当）など。筆者は昔、東洋大学の大学院の授業で小説の『紅楼夢』を読んでいた。担当の先生が日本で公演する京劇のチケットをくれて、喜んで観に行ったことを覚えている。また、日本で実施された日本中国学会で、九州大学のある教授が、「紅楼夢の主人公の男性は性同一性障害」と述べたことに、聴衆はビックリしたものだ。

また中国のテレビでは、必ずどこかのチャンネルで京劇が放映されている。現役を引退した中国の老人は、このＴＶ番組を観るのを楽しみにしているとのこと。

①昆劇

蘇州市の東にある昆山市は、最も古い伝統演劇の昆劇の発祥（五百年以上前）の地で、昆劇俳優の養成学校もある。一〇年以上前に昆山のホテルに泊まったとき、ホテルの人に「昆劇を観たい」と言ったら、電話で上演状況を確認してくれた。ほどなくして、ホテルの人から「すでに上演が終わって俳優は化粧を落としている。化粧代を含めて、公演代を全部負担してくれるなら、これから準備する」と言われた。残念ながら筆者には支払い能力はなかった。

地元の亭林公園には昆劇の歴史紹介の記念館があり、京劇は昆劇がルーツであると表示している。昆劇の発祥は京劇より二百年以上古く、少なからず京劇に影響を与えたことは間違いない。なお、昆劇は二〇〇一年に中国初の無形文化遺産に認定された。

使われる言葉は標準語ではない方言で、聞き取れない人が多いため、必ず字幕が表示される。恋愛ものが多く、『紅楼夢』が人気だ。筆者は昆山で観劇中の幕間に俳優の控室を訪問した。タバコを吸って休憩中の主役の女装の俳優に「君は男性か？　女性か？」と聞いた。そうしたら、笑いながら「男だ」と答えた。つまり、日本の歌舞伎と同様に男性が女性役を演じる。男性のほうが、女っぽく演じられるのだろう。

筆者が昔住んでいた蘇州市内でも、昆劇を実施する昆劇博物館や劇場が平江路にある。二〇〇八年に、日本歌舞伎の坂東玉三郎が、当時蘇州にできたばかりの大劇場で昆劇『牡丹亭』を演じた。彼は蘇州弁を使った。その後、台湾や日本でも公演した。その演技は、当時、蘇州や日本で大評判となった。玉三郎は「京劇で有名な梅蘭芳（女方の男優）を調べたら、ルーツは昆劇にあると知り、昆劇に挑戦した」とのこと。

②京劇

二〇〇二年ごろ、中国に工場を立ち上げるために上海へ出張したとき、ホテルで京劇の予約をした。初めて京劇を観たのはちょうど中国語を覚える意欲が高まっていたころで、字幕ばかり見ていて、演技を味わう余裕がなかった。大きな劇場で、セリフは標準語（普通話）だったと思う。

③女方

日本語では、女方は「おんながた」、または「おやま」と読む。江戸幕府が一六二九年（寛永六年）

に、女性が歌舞伎などを演じることを禁じたために、男性の女方が日本歌舞伎の世界に登場した。

中国の京劇では、清朝末に男性の女方の梅蘭芳が大人気で有名になり、数多くの女方が現れたが、文化大革命で男性の女方は禁止され、以後女性が演じることになった。しかし、筆者は昆山市の昆劇で男性の女方に出会った。現在は男性禁止が解かれたのだろう。

筆者は女装の俳優の手の動きに非常に関心があり、手ばかり見ている。日本歌舞伎より、動作が大げさで面白い。また女方でも、その演じる年齢によって動作や歩き方まで違って非常に面白い。

サーカス

中国のサーカスは世界最高レベルと推定する。オリンピックの種目で中国の体操競技が強いのは、サーカスの文化の影響があるためだと思う。非常にレベルが高く迫力があり、空中の演技では、失敗すれば転落死する非常に危険な技を披露する。なお、サーカスは中国語で「雑技」という。

筆者が訪問したのは、上海の市内の「上海商城劇場」と、上海駅北側の非常に大きな「上海馬戯城」である。上海馬戯城の観客の六〇~七〇%は外国人の観光客であった。

舞劇

西洋式バレエを基にした中国式の舞踊で、ストーリーは中国の話。セリフがない。筆者は上海浦東地区の上海東方芸術中心で観劇したことがある。一九七九年六月に創立された上海歌舞団は最近かなり人気があり、日本でも公演している。

人形劇

古い街の、人が集まる仏教寺院や道観（道教寺）の前の繁華街では、屋外人形劇をよく見かける。京劇の一部の有名な場面を演じている。一人で複数の人形を操っている場合もある。これは中国本土だけでなく、台湾やベトナムにも文化が伝播している。ベトナムでは水上劇になって、大きな劇場で楽団付きで実施されている。また影絵劇では、多くの影絵人形を少人数のオペレーターが操っている。楽しい庶民文化だ。

映画館

日本と同様、中国の都市では一つの映画館にスクリーンが複数あり、複数の映画が同時に上映されている。上海に住んでいた頃は、アパートの前のショッピングセンターの中に映画館があり、レストランで夕食をとったあとにときどき利用していた。やはり、テレビより大きな画面で迫力があり、３D眼鏡で立体映像を楽しむこともできる。

まとめ

テレビや映画のない時代に、庶民の娯楽のために京劇や雑技などが発展したが、テレビや映画がある今日でも、都市には娯楽施設の一つとして劇場などが広く普及している。第三章「中国経済成長の理由」でも述べたように、中国人は遠い将来のことはあまり気にせず、現在をいかに楽しく過ごすかを優先している。その手段の一つとして観劇を楽しんでいる。それは非常に芸術的文化レベルが高く、世界に誇れる文化だ。特に上海の雑技（サーカス）は、観客の多くは外国人という事実から、外国人が大きな関心を持っているということで、今後海外に文化輸出できると思う。ただし、空中での演技用の設備を用意するには大きなスペースと費用が必要だ。

❸結婚事情（娘や息子に代わって母親が婚活）

中国社会を理解するために、結婚の実態を知ることは重要だ。そこで、今までの当方の知識に加えて、知り合いからの聞き取り調査などを行ってまとめた。特に日本と違う点に注目した。

母親の影響力の強さ

①結婚年齢

日中の結婚年齢の平均は表1の通りである。

中国人の結婚時期がだんだん遅くなっているのは日本と同じ傾向であり、男性と女性の結婚年齢の差は約二歳とほぼ同じだった。

中国の未婚の女性は三十歳を過ぎると、母親からの結婚要求がうるさくなり、自宅に帰るのが辛く、家出するケースを数多く聞いた。

表1　日中結婚年齢の平均

		2010年	2015年
中国	男性	26.4才	28.3才
	女性	23.7才	26.0才
日本	男性	30.4才	31.1才
	女性	28.7才	29.4才

②代理恋人・母親同士のお見合い

中国では母親からの結婚のプレッシャーを避けるため、代理の恋人を使用する。一日だけ代理恋人を雇い、母親に会わせて、母親を安心させるという。ただし、筆者は話として聞いただけなので、どれくらいこのビジネスが普及しているかはわからない。

一時逃れの方法ゆえ、永くは続かないが、そうしたビジネスがあるというほど母親の娘に対する圧力や熱意はすごいということがわかる。

母親は自分の娘や息子を結婚させる責任感を持っている。たしか休日だったと思うが、上海の人民広場（公園）を訪問した時、母親同士のお見合いの現場を偶然発見し、好奇心をもって観察した。自分の娘か息子の情報と相手に対する要求条件を書いた看板を持った母親が立っていたり、そうした看板が公園内の道路に置いてあったりする。その看板を見ると、年齢、学歴、所得、一緒に住む住居の場所の指定など条件が並べてあり、面白い。日本の場合は恥ずかしくて情報を公開できないが、中国の母親は真剣だ。

上海だけでなく、上海から車で七十五分の南通市も同じような、母親同士の見合いを公園で実施していると聞いた。

中国の母親の責任感と積極性に感心する。

女性有利の事情

③男女の選択権

中国では、女性の方が男性より人口が少ないので、選択において女性の方が有利。

また、通常男性側が住居を用意するので、男性側の両親には非常に大きな経済的負担がある。昔は跡取りを残すため、養子制度のない中国では、男を産むことが重視されたが、昨今はこの経済的負担がいやで、男の子を産みたくないとのこと。

筆者は年齢による体力低下のため、田舎の観光地で坂道を長距離歩くのは大変なので、担いでもらうことがよくある。その担ぎ屋に恋人のことを聞くと、貧乏な田舎では、男は観光客からお金を稼ぐが、可愛い女性は皆都会へ逃げ、都会の男性と結婚する。したがって、田舎には相手になる若い女性はいないとのこと。昔、日本の東北の農村でも、女性が都会に逃げて、結婚相手がいないという時期があった。

上海では、上海出身の女性を選ぶべきでないといわれている。上海の女性は気が強くて、夫は尻に敷かれるとのこと。上海女性は都会的ということだろう。一方、東北の女性はつつましく、スタイルが良く鼻が高く美しく理想的だという。

一方、中国の女性の方は、金持ちの男より、信頼性や人柄を重視するとのこと。これは日本と同じようだ。

④結婚式

中国では、式の費用は新郎の両親が負担することが多い。実施場所も通常新郎の実家で実施する。嫁の実家が離れている場合は、三日後に嫁の実家でも実施する。現在は両方の親戚を集めて一度で済ますことが多くなったとのことだ。

式は日本と違い、無宗教で実施される。結婚式の運営は専門業者が取り仕切る。式場は通常レストランを使用する。式場への移動は黒塗りの高級車を五台ぐらい使用する。先日、蘇州で一日に三度も、この車の行列を見たが、何と車はすべてＢＭＷであった。車の出発時には爆竹を鳴らす。爆竹は悪邪を追い払うために使う。なお、昔は火薬を竹筒に入れていたので爆竹という。十年以上前、蘇州の会社にいる時、従業員の結婚式に出席して、当方は中国語の歌を歌った覚えがある。無宗教ゆえ、日本の結婚式のような緊張感はない。

結婚式に参加する出席者は受付で、紅包《ホンパオ》を渡す。紅包とは赤い袋に現金を入れたお祝いのこと。しかし、政府関係者は賄賂と見なされるのを恐れ、習近平時代になって、減ったという。また紅包をもらうとお返しが必要で、それが面倒で、受け取らない場合もあるとのこと。

結婚式の前に、結婚の衣装を着て、景色の良い場所で写真を撮る。したがって、結婚前に皆写真を持っている。休日に庭のきれいな公園では、カップルがきれいな衣装を着て写真を撮っている。優れた造園文化を持つ中国の公園には素晴らしく美しい庭がたくさんあり、カップルが写真をとる背景として最高だ。

⑤姓の変更なし

中国では結婚しても、苗字は変更せず、別々のままである。したがって名刺を作り直す必要がない。日本も結婚して苗字を変えるようになったのは明治以後である。

⑥新婚旅行

中国で新婚旅行を実施するのは全体の約八〇％ぐらいとのこと。昔は新婚旅行はなかった。日本も新婚旅行が一般化したのは昭和四〇年代らしい。

結婚時に会社が与える有給休暇は約一週間で、故郷で結婚式を実施すると、式だけで、移動も含めて三~四日間かかるため、旅行の期間は減ってしまう。しかし与えられた有給休暇は一年間の実施猶予があるので、結婚式直後でなく、実施時期を選ぶことができる。人気の旅行先は日本や台湾。

昔福建省で朱子の遺跡を観光した帰りに、寝台車に乗った時、新婚のカップルと同じ部屋だったことがある。二人はベッドに並んで坐り、手を握っていた。本当に可愛いカップルだった。

⑦第一子の出産年齢
中国の二〇一五年はデータなし、二〇一〇年は平均二八・二歳。結婚平均年齢から四~五年離れている。一方、日本の二〇一五年のデータでは、平均三〇・七歳で、結婚平均年齢から一~三年しか離れていない。日本は結婚時期が遅いので、出産適齢期を逃すことができないことが理由と推定する。

中国では子育ては祖母の仕事。

⑧離婚率
表2のように中国では都会の離婚率が高いことがわかる。都会の女性は離婚後も仕事をする場所が豊富にあるのが原因と推定する。

中国の全国平均離婚率は不明、日本は三三%、米国は五〇%。

表2 主要都市別離婚率（2015年）

北京	39%
上海	38%
深セン	36.3%
広州	35%
アモイ	34.9%

なお、ロシアが離婚率世界一で一生に複数回結婚するのが一般的とのことだ。

日本は沖縄県が一位で東京は第七位。沖縄は結婚年齢が低いのと、所得が少ないのが原因とのこと。

⑨夫婦の墓

日本では、家族（一族）の墓で、墓石には「＊＊家之墓」と記してあるのが普通だが、中国は夫婦二人だけの墓が一般的。家族でなく、夫婦二人の遺骨の灰を一部だけでなく、すべて納入するので、非常に広大な墓の面積が必要。墓の中で夫婦は二人だけで過ごす。もう離婚はできないな！

まとめ

中国で結婚適齢期の娘をかかえた母親は、娘を一人の大人として認めず、悪く言えば、自分の一番大切な所有物として扱っている。よく言えば、それだけ娘に対して愛情が強いとも言える。息子は結婚すれば、関係が薄くなるが、娘は一生の仲間で、娘が子供を産めば、娘でなく母親が育児する。それだけ母親と娘の結びつきが強いことがわかる。

読者の皆さん、この話題は仕事とは関係ないであろうが、自分の身の回りと比較してみていただきたい。

（参考）中国の婚姻法の歴史

一九五〇年　新婚姻法……男女平等を保障

二〇〇一年　婚姻法改正……富裕層が妾・愛人をもつことや重婚をすることを禁止。家庭内暴力からの保護、離婚後の財産保護などを保証。儒教の文化が残る中国でも西洋文化の影響を受けて、国際化している。

❹上海の歴史と現状（上海は長江の泥が沈殿して出来た土地）

筆者は二〇一四～一六年までの約三年間、上海の東端の川沙（浦東飛行場の近く）と西端の嘉定区の南翔（昆山市の近く）に駐在した。そして、現在（二〇一八年）は南の端の金山区（浙江省まで車で十五分）を毎月訪問している。基本的に機械の製造工場が仕事場ゆえ、駐在場所は上海の中心からは離れている。駐在中、週末には住居の周辺を散歩したり上海一帯を観察して回ったりした。現地に住み、自分の目で見た上海の実情を報告したい。

上海市の地図

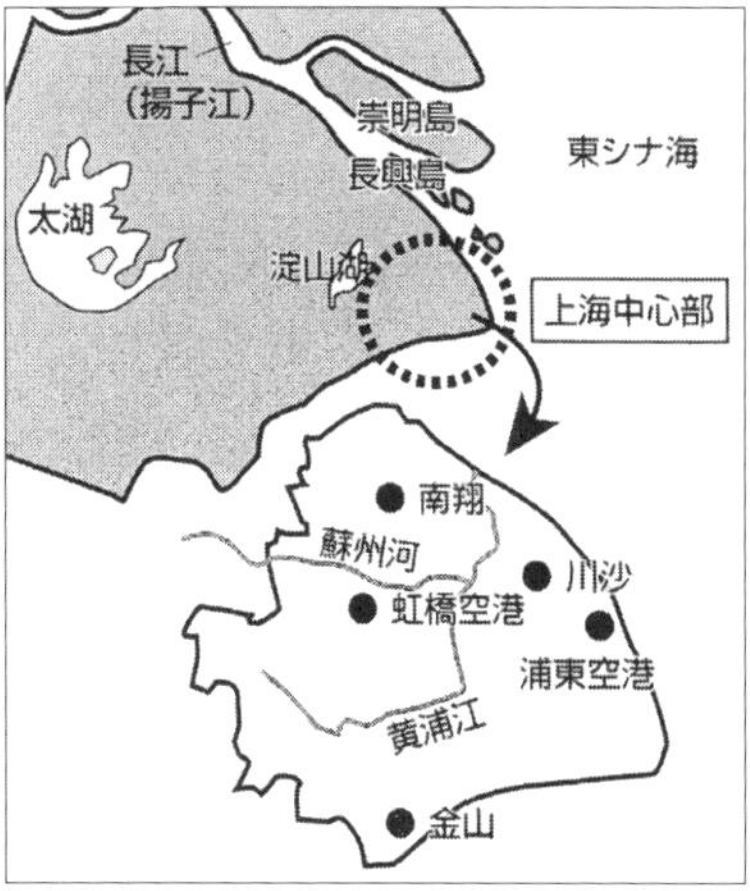

上海市の歴史

太古、上海は海であった。長江（揚子江）から泥土が運ばれてデルタ（三角州）を造った。奥にある太湖（蘇州や無錫）は、元々はラッパ状の入り江であった。泥土がラッパを塞いで堤防を造り、太湖になった。宋から元にかけて、今の上海一帯が陸地になった。長江の水の色は茶色で、泥がいっぱい含まれていることがわかる。長江の上流のダムでは、泥が沈殿し水が澄んでいる。ということは、流速が落ちれば水中の泥が沈むということだ。長江の河口には、水の流れに沿った形状の大きな島の崇明島や長興島などがある。これらは明らかに泥の沈殿でできた島だ。流速の遅い河口ゆえ、現在も泥が沈殿し、どんどん大きな島に成長している。上海の東側の海岸線もどんどん東に延びている。

一方、対照的なのは北方の黄河で、下流では現在は水の流れが衰えて黄色い泥の流れがなくなり、青島付近の、以前は黄色だった黄海は青い海に変色してしまった。

現在の上海市の面積は六、三〇〇㎢で東京都の約三倍、人口は約二千五百万人で東京都の約二倍である。北京市などと同様、政府直轄市で省に属していない。空港は、虹橋空港（主に国内線）と浦東空港（主に国際線）の二つもある。市というと日本では小さい面積をイメージしてしまうが、上海市は広く海に面し、かつ面積的には羽田空港がある東京都と成田空港がある千葉県が合体したような感じだ。ちなみに千葉県の成田空港は、飛行機の機内放送では東京成田空港と呼んでいるし、東京ディズニーランドも千葉県にある。また、東京湾は東京都より千葉県のほうが接する部分が大きいが、東京湾と呼んでいる。つまり千葉県は東京の一部なのかな？

上海では地下鉄（中国語では地鉄という）が普及しており、市全体に網状に広がっている。郊外に行くと地下ではなく高架線で空中を走っている。なんと一六路線もある。

黄浦江が市の中央を南北に流れている。黄浦江は太湖から流れた川が注ぎ込む淀山湖に源を発して、北の長江に流れている。太湖からは蘇州河からも黄浦江に流れ込んでいる。また、長江から逆流して、市内が洪水になるのを防ぐため、南側の杭州湾に流れる運河を造った。

南宋の頃、デルタ地帯は綿花の栽培と紡績の家内工業で栄えて、明代には市が二十六、鎮（県の下の行政区画。日本で言えば小さな村のようなもの）は六十三になり、清代には新設の市鎮が八十二を数えた。当初、上海は漁村で「沪」といった。沪とは海辺に竹竿を立てて網を張って魚を獲る仕掛けで、綱代《あじろ》のこと。後の上海の別称となった。上海登録の自動車のナンバープレートには、この文字が〔沪5－3621〕のように記載されている。

元代の一二九二年に上海県が置かれ、上海と呼ばれるようになった（なお、中国では県は市より小さい行政区画）。海に突き出ていることから上海と呼ぶのだろう。そして、一八四二年、清朝のアヘン戦争後の南京条約で開港され、近代都市が生まれるきっかけになった。当時は人口二十万人程度であった。「租界」とは外国人居留地で、黄浦江沿いの蘇州河付近で立派な西洋式の建築物が建てられ、現在も観光地の一つになっている。

最近の急速な上海発展の流れを以下に記す。当時の実力者が要職を担当している。

一九八五年　江沢民が上海市長

一九八九年　江沢民共産党書記長が東方明珠（超高層タワー）の建設を決定
　　　　　　朱鎔基が上海市長

一九九〇年　朱鎔基が鄧小平の力を借りて浦東地区開発の「特別区」優遇政策等の政府承認を受ける

実力者が担当したから上海が発展したのか、発展させたから出世したのかは、筆者にはわからない。筆者は二〇一四～二〇一八年までの約四年半、上海の川沙、南翔、金山の三カ所で、合計三十人以上の技術者と仕事しているが、その中に上海出身者は一人もいない。一五〇年前に二〇万人だった人口は現在二、五〇〇万人ということは、よそから流入して人口で増えたということだ。

金融商業都市

南京条約以前の主な産業は、農業、漁業、塩田、綿花栽培であったが、租界ができてから急速に金融や商業の街として発達した。その街並みが黄浦江の外灘《ワイタン》と南京路として残っている。つまり、街としては百五十年の歴史しかない。短い歴史しかないが急速に人口が増加した横浜市と似ている。東方の鎮の博物館には、「昔は塩田で栄え、蘇州と同じぐらい豊かだった」と記されてあった。当時、塩は貴重品で内陸には塩がなく、塩田は多くの利益が得られるビジネスだった。

現在、株の取引は深圳と上海で行われている。二十年前には、造船所しかなかった浦東新区（黄浦江の東側であることから浦東という）に高層ビルが立ち並び新しい商業地区となった。

工業都市

筆者は、二〇〇二年に上司に中国現地法人立上げを命じられ、まず上海の現地調査を実施した。当時は鄧小平の改革開放政策で深圳のみ工場が発達し、深圳以外はこれからという時期だった。上海の西側の工業団地を何日もかけて調査した。当時は空き地ばかりで、区の役人が大変熱心に案内してくれた。東側はもちろん農場だけで、工場団地はなかった。しかし、現在は東側にも工場がどんどん進出していて、上海は工業都市に一変した。海に面しており、長江や運河も発達しているため、中国では運送コストの安価な水運が便利で、工業生産に物流の面で非常に有利である。長江や黄浦江は貨物船で大変混雑している。また飛行場が二カ所もあるので人の移動も便利。

観光都市

租界だった外灘や南京路の百五十年前の古い街並みが人気だ。また、第九章②「観劇の紹介」でも報告したが、京劇や雑技（サーカス）、舞劇などの伝統芸も非常に人気である。最近、ディズニーランドまで開園した。大きな動物園も西と東の二カ所ある。東（浦東新区）は野生動物園という名前で、どちらにもパンダがいる。

数多くの博物館や美術館、工芸館、歴史館、記念館、ガラス博物館、地質博物館、航海博物館などもある。その規模は非常に大きく、展示品のレベルや完成度も高い。筆者は何度も訪問し、存分に楽しんだ。中でも面白いのは蝋人形館で、俳優や大統領の実物大の蝋人形が立っている。完成度は高く、本物より美しい。筆者は『ティファニーで朝食を』のオードリー・ヘップバーンの隣に座って写真を撮った。

また、昔は造船所しかなかった浦東新区の黄浦江沿いも、高層ビルが立ち並ぶ観光地である。

文化遺産

それぞれの鎮には記念館があって、その鎮にまつわる歴史的記念品が展示されている。たとえば、塩田だったところには製塩道具が並べてあるし、その鎮に科挙試験に受かった英雄がいれば、その合格証書がかけてある。一番多いのは、木製の農業機械や織機の展示。南翔に住んでいたときには、地元の二階建ての記念館に「小籠包発祥の地」として小籠包の製造道具が並べてあったのを見た。また、川沙の社宅の近くには立派な石博物館や地質博物館があった。中国人は「自分たちの過去の文化遺産を残す」という想いが強いようだ。

農民画

上海の南西の外れにある金山区に中国農民画村という村がある。昔は金山農民画村という名称だったが、二〇〇八年に中国農民画村に変わった。農民画は非常に子供っぽい描き方で、平面的で、漫画のようだが、絵の中の人物は幸せそうに描かれ、これを見ていると幸福な気持ちになれる。「幸せとは何か」を考える参考になる絵だ。この地区の農民は皆幸せなのだろうか⁉

農民画

公民館

嘉定区に住んでいたときはよく公民館を訪問した。住居から歩いて二十分ぐらいの距離で散歩にちょうど良い場所だった。図書館とスポーツクラブ、講義室があった。筆者はいつも図書館で月刊の経済誌を読んでいた。公営のスポーツクラブでは七十歳以上は入会を拒否されて会員になれないため、筆者は仕方なく料金の高いアパートの近くの民営のフィットネスクラブを利用した。

休日に松江区の公民館を見学したら、非常に大きな設備で、音楽教室やダンス教室、子供向けスポーツクラブ、テニスコートのほかに子供の学習室が数多くあり、車で子供を連れてきた親は、受講中、廊下で座って待っていた。これはいわゆる日本の塾に相当する。駐車場には親たちの車がたくさん駐車してあった。この公民館の図書館は小さく、別の場所に大きな図書館があり、多くの大学生が勉強していた。

古文化遺址

上海の西の端は古代から陸地であったので、太古から人が住んでいて、その証拠の遺跡もある。福泉山古文化遺址といい、近くには朱家角古鎮、金沢古鎮、楓涇古鎮など古い村が残っている。推定では、福泉山古文化遺址は四千年前の遺跡で、小さな山の上にあり、下のイラストにあるように、古代人が仕事をしている姿をリアルに表現した像があり、非常に面白い。

古文化遺址

水路

上海市内は幅一〇mぐらいの水路が碁盤の目のように広がっている。昔は小舟で荷物を運ぶ、いわば庶民の運河（運搬用の河）だったのだと思う。上海は低い土地で、いわゆる小川ではないので、流れはほとんどと言っていいほどない。筆者は枯葉を水面に落として流れ方向を確認してみたことがあるが、水面の枯葉はほとんど動かなかった。

南翔のアパートに住んでいたとき、目の前に運河があった。その流れは、右に流れているときもあれば、左に流れているときもあった。流れがほとんどないと水面にはゴミが溜まるので、ときどき水面を掃除する舟が通る。この水路に沿って古い鎮（県の下の行政区画。日本で言えば小さな村のようなもの）があり、素晴らしい景観となっている。

あとがき

筆者は、上海の東西南北すべてを端から端まで訪問している。東の端は南匯嘴観海公園で、東シナ海と杭州湾に挟まれた上海の最東端に当る。杭州湾に延びる大きな橋も見え、素晴らしい見晴らしだ。南の端は杭州湾の海岸で海水浴場や公園があり、北の端は宝山区で、長江に面しており、森林公園や日本軍を攻撃した大砲などが置いてある。

長江を渡って北の端、長江の中に浮かぶ長興島と崇明島も観光した。島の中にある沼で、穴に隠れているカニを餌で釣り上げるのを楽しんだ。カニは一度ハサミで餌を掴んだら、釣り糸を揺すっても、ぶらさがったまま餌を放さない。自分の命より餌のほうが大事なのだ。庶民の家にはフワフワした綿花が咲いていた。

東南北は海や河の水に囲まれ、唯一西側だけが陸で蘇州と杭州と隣接している。ここから人や文化(呉と越の文化)が入ってきたのだ。地元の上海市民の言葉は、蘇州系と杭州系の二種類あり、文化も違うとのこと。三月末は稲田の菜の花が満開で、一面が黄色に染まり非常に美しい。菜種油は中華鍋の炒め油として使用する。

コラム　交通カード詐欺

上海に既に三年以上住んでいる日本人の二人の友人と会食した時の笑い話です。

上海では、交通カードが地下鉄、バス、タクシーの清算に使用されています。ＪＲ東日本のSuicaに相当します。この友人は二人とも、タクシーの料金支払時に、残金ゼロのカードに取り換えられたとのこと。残金ゼロになったことを気づくのは次にカードを使用する時。この友人の再発防止は、カードに印のシールを貼っているとのこと。

尚、当方も三年ぐらい上海にいて、タクシーをかなり使用したが、一度も詐欺にあっていない。当方は運転手との会話の楽しむ為、通常前の席に座るので、カードの取り換えが出来ないのだろう。当方、中国での生活は長いが、不思議にも一度も詐欺にあったことがない。本人が気づいていないだけかな？　一方韓国では、ホテルの清算やタクシーで騙されそうになったことがある。

あとがき

この本を読んで頂いた読者の皆様には、この本の内容が新しい中国情報となって、お役に立つことを期待しております。ご感想や、ご希望を出版社に是非お送りください。

中国文化の研究調査が大好きな筆者は、読者が中国について関心あるテーマの記事をこれからも書きたいと思います。ついては、出版社や新聞社の方で、こんなテーマで記事を書いて欲しいとご要求下さい。喜んで検討します。

また、中国関係の仕事をしている方や、これからしようと計画されている方で、当方にアドバイスを希望される方はご連絡下さい。

また、日刊工業新聞社の久保編集長には、当方にこの本の基になる連載記事「中国文化入門」の執筆の機会を与えて下さり、本当に感謝しています。三年間本当に楽しく執筆することが出来ました。

昔、東洋大学の大学院で一緒に学んだ仲間は現在大学の講師だが、その仲間に何度もアドバイスをもらった。また許可を得て論文の一部を流用させてもらった。この場をかりて、お礼を申し上げたい。

二〇一九年二月　　　　　　長谷川　和三

著者　長谷川和三（はせがわ かずみつ）

1945年、愛知県生まれ。名古屋大学工学部卒業後IHIに入社。汎用ターボ圧縮機のエンジニアとして国産実用化を実現。さらなる高性能ターボ圧縮機の必要性を感じ、新機種開発組織立上げと開発に従事した。120件以上を上回る特許出願と当時世界最小の遠心圧縮機開発に成功するなど、汎用ターボ圧縮機の専門家、省エネの専門家として活躍し、汎用圧縮機の事業責任者やターボ機械協会理事を歴任。2004年には、総責任者として中国にターボ圧縮機製造会社の設立（蘇州）から生産開始までを実施し、中国現地法人初代社長（IHI-寿力圧縮技術公司）に就任。帰国後、省エネの要請が強い時代で、エンジニアリング会社で、工場の空気圧縮機の省エネ診断や改善工事等を実施。また、経験を買われ中国の圧縮機メーカに3年間常駐（上海）して2017年に帰国。現在はコンサルタントとして上海に毎月訪問している。一方、日本及び中国の学会や大学に請われ、これまでの経験をもとに講演や講義して、若い世代に当方の技術を伝えている。趣味は中国の歴史とその文化で、現地を訪問したりしていたが、帰国後、神田外語大学で1年、東洋大学で10年以上と今でも中国文化を勉強中。ターボ機械協会永年会員、日本儒教学会会員。

国家資格…エネルギー管理士、公害防止管理者（大気、水質、騒音、振動等全種目）　その他の資格…ターボドクター（ターボ機械協会認定）　出版実績…「製造現場の省エネ技術：エアコンプレッサ編」（日刊工業新聞出版）を出版。「中国文化入門」（日刊工業新聞社発行の月刊誌「機械設計」）を2016年から3年間連載。「エアコンプレッサ及び圧縮エアーの省エネの考え方」（日本工業出版社の月刊誌「クリーンテクノロジー」の2016年8月号）を執筆。論文や記事は、省エネルギーセンタ「空気圧縮機の選び方・使い方」、IHI技報「TX150超小型ターボ圧縮機の開発」1995年、日刊工業新聞社の月刊誌「機械設計」に「工作機械で使用される工場圧縮空気の省エネ提案」2012年11月号、白山中国学「楽しい陽明学への道」2009年など学会誌等に数多く投稿。

日本人が参考にすべき現代中国文化

2019年7月26日　初版第1刷発行

著　者　長谷川 和三（はせがわ かずみつ）

発行者　段 景子

発売所　日本僑報社

〒171-0021 東京都豊島区西池袋3-17-15

TEL03-5956-2808　FAX03-5956-2809

info@duan.jp

http://jp.duan.jp

中国研究書店 http://duan.jp

2019 Printed in Japan.　ISBN 978-4-86185-263-3　C0036